读山、听史、观自然
白云山科普丛书

通识篇

一百年，一座山

广州市白云山风景名胜区管理局 编

SPM 南方传媒　花城出版社

中国·广州

图书在版编目（CIP）数据

读山、听史、观自然：白云山科普丛书. 通识篇：一百年，一座山 / 广州市白云山风景名胜区管理局编. -- 广州：花城出版社，2023.12
ISBN 978-7-5749-0106-3

Ⅰ. ①读… Ⅱ. ①广… Ⅲ. ①白云山－风景区－介绍 Ⅳ. ①K928.3

中国国家版本馆CIP数据核字(2023)第220493号

出 版 人：张 懿
责任编辑：陈诗泳
责任校对：李道学
技术编辑：凌春梅
装帧设计：广州市耳文广告有限责任公司

书　　名	读山、听史、观自然——白云山科普丛书·通识篇：一百年，一座山 DU SHAN, TING SHI, GUAN ZIRAN——BAIYUN SHAN KEPU CONGSHU TONGSHI PIAN: YIBAI NIAN, YI ZUO SHAN
出版发行	花城出版社 （广州市环市东路水荫路11号）
经　　销	全国新华书店
印　　刷	佛山市迎高彩印有限公司 （佛山市顺德区陈村镇广隆工业区兴业七路9号）
开　　本	787毫米×1092毫米　16开
印　　张	9.5
字　　数	175,000字
版　　次	2023年12月第1版　2023年12月第1次印刷
定　　价	198.00元（全三册）

如发现印装质量问题，请直接与印刷厂联系调换。
购书热线：020-37604658　37602954
花城出版社网站：http://www.fcph.com.cn

读山、听史、观自然——白云山科普丛书·通识篇：一百年，一座山

策　　划：	广州市白云山风景名胜区管理局
主　　编：	乔永慧　王昱
副 主 编：	罗诚　刘友发　王爱军　潘志权　王晓莉
编　　委：	陈国樑　魏玲　曹毅　张希毓　汪张跃　李鹏　张曦
文字编辑：	李宏强　林燕　殷亦佳　杨城　黄嘉聪　史丹妮　焦慧
	姿十四郎　林丹　翁琳　朱茵　梁倩
图片编辑：	耳东尘　柯冠华　温日荧
美术编辑：	广州市耳文广告有限责任公司

一百年，一座山

建城两千年的广州城，是华南之经济重镇，又是南海边防之要塞，南来北往，东西融汇，两千年间不知迎送过多少风云人物，而在此城的白云山落过脚的耀眼名字，更如璀璨的星宿海，从秦开始数，秦时仙人郑安期，晋时道医葛洪，唐时初唐四杰，宋时文豪苏东坡、大儒崔与之和他的探花弟子李昴英，到了明代，湛若水、黄佐、黄衷，三位最有名望的粤籍大儒，都曾在白云山开过自己的书院。

至此，白云山上，从秦晋盛行的道家仙气，到南北朝时期南梁景泰禅师燃起的释家香火，到明代又换成了琅琅读书声，白云山著名三寺——月溪寺、白云寺和景泰寺，三寺在嘉靖年间尽毁，景泰寺由国子祭酒黄佐改为泰泉书院，白云寺由三部尚书湛若水改为甘泉书院，月溪寺则由兵部侍郎黄衷改为铁桥精舍。

明末清初的粤籍著名学者屈大均在自己的著作《广东新语》里记录下这段书院林立之盛况，湛若水的弟子王渐逵认为，白云山上，从仙家到释家，再到读书修心的儒家，才算走上了正道。

今天，三大书院遗址早已不存，修身养性之幽绝处，已成为陪伴老广成长、承载着满满爱之回忆的公园，仙家、释家，到儒家，终于，归于大家。

从20世纪初白云山存世的老照片出发，你会看到岁月之创伤，也能重温时代的洪流。秦时明月已远，一百年的记忆尚留余温与余香。

这一百年里，首先是老一辈的广州人，以己之力，还坟茔满坡、草木不附的白云山，以青绿底色；再后来，这青绿的肌理愈加多彩——添了四时花色，又从森林防火、为虫兽提供口粮等等功能出发，这青绿底色成了幻化万物的画布，花开四季、鸟鸣山谷、蝴蝶飞舞。对于这一代广州人，羊城第一秀的白云山，就是身边五彩斑斓的自然之书。

这套读山、听史、观自然，关于白云山的科普读物，第一册《一百年，一座山》，先从我们最易触及的百年记忆出发，这一百年间白云山的故事，是这么近，沿着尚存的线索，我们先来解读广州人和白云山的关系，缘深，情更深。再来理解这百年来白云山的演进之路，更美好的未来，已铺好画布。

第二册《千古事，一阕词》，则是更深远的回眸，解封久远的历史，以一山，读一城之脉络，南粤名山，留有传奇无数；第三册《万物生，一个家》，则是白云山的另一种打开方式——去阅读自然、理解自然、拥抱自然，这座在城央借助人力与物力重新塑造的生物宝库，它得之不易，值得传承。

你来，我们一起读山、听史、观自然。

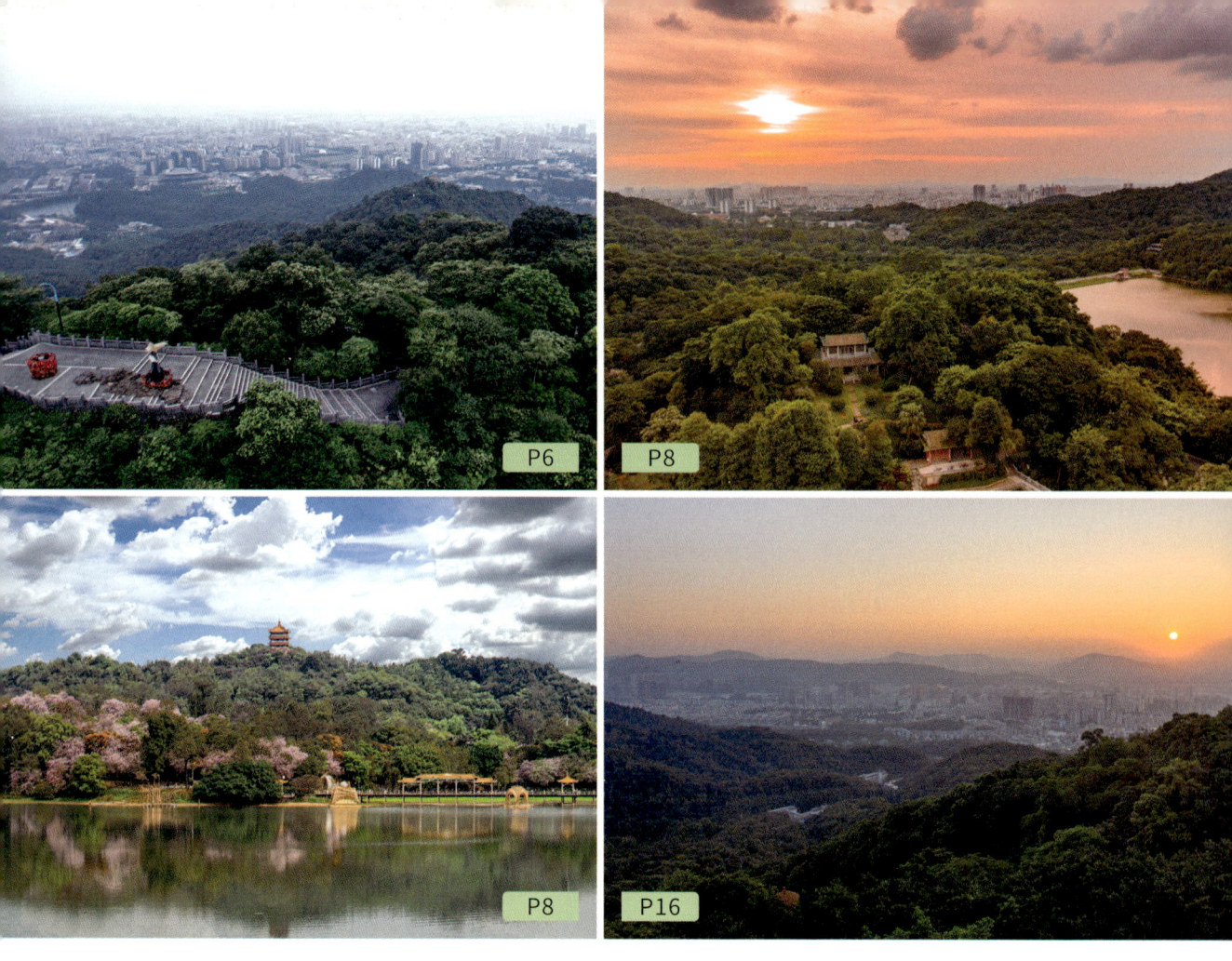

P6　P8　P8　P16

CONTENTS

目 录

一百年
一座山

读山、听史、观自然
白云山科普丛书
通识篇

序

红尘青山，你自此心安	6
红尘之内	8
白云绕山，云因何而来？	10
数字云山	12
云山连绵，山从何而来？	15
白云山之历史线索	18
白云山主要景点	22

第一章 / 识山

对于广州人
白云山是什么 28

对于广州人
白云山是千年福地 31

对于广州人
白云山是爱之印记 33

对于广州人
白云山是美之学堂 35

对于广州人
白云山是踏青寻芳处 39

对于广州人
白云山是清泉涤尘处 41

对于广州人
白云山是心灵安放之所 45

对于广州人
白云山是读史诵文之课堂 47

对于广州人
白云山是寻古探幽之秘境 51

对于广州人
白云山是细品美筑之地 55

P75

P90

P83

P108

第二章 耕山

- 一百年间，
  以植物作锄，耕山耕心乡 …………… 63
- 三种代表群落 …………………………… 66
- 防火林植物，你认得几种？ …………… 74
- 吸碳放氧和防治大气污染 ……………… 78
- 小可爱们的"植物粮仓" ………………… 82

第三章 读山

- 一山无穷青绿，
  能生四时姹紫嫣红 ……………………… 89
- 白云山四季之美 ………………………… 90
- 白云山上，那些美丽的精灵 …………… 101
- 因仙草而千年传名 ……………………… 102
- 因仙山而万物有灵 ……………………… 104
- 白云山上，一场飞翔之约 ……………… 109

P116

P124

P128

P137

第四章 画山

- 一山五园，青山半城白云绕 114
- 春光卧云台，山间花色醉 117
- 云台花园，四时花色全年上画 120
- 青山接红尘，秀湖绕城央 125
- 凝固之舞蹈，广州之神韵 131
- 山林作画幕，人力营自然 137
- 风景里的自然学堂 141

一百年 一座山

从白云山海拔 382.4 米的摩星岭上远眺,这座城央的最高峰之下,是 21.8 平方千米云山景区的无穷绿意,这层层叠叠的绿色屏障,是护城拥城的温情臂弯。

红尘青山,
你自此心安

序章

1 麓湖公园

4 明珠楼景区

> 红尘之内

在人口超千万的超级大城广州的城央,这一处无穷绿,予人清新之氧,予城清心之凉,它是红尘之内,四季常青的治愈良方。

○ 序章

② 云溪公园　③ 云台花园　⑤ 云萝花园　⑥ 雕塑公园

1.（麓湖公园）入春时分，湖畔的宫粉紫荆染成粉霞。2.（云溪公园）夏雨过后，一道彩虹跨越丛林。3.（云台花园）滟湖之畔，四时花开。4.（明珠楼景区）夕阳中的山与城，时光之河的过去和现在。5.（云萝花园）从空中俯瞰，林中栈道上的建筑群犹如绽放的花朵。6.（雕塑公园）穿过公园门口标志性作品《华夏柱》，去体味满园雕塑珍品带来的艺术震撼。

1. 青山与新城
2. 黄婆洞水库
3. 能仁寺鸟瞰

白云绕山，云因何而来？

1.青山入城，云起之地。2.山体储水丰富。3.林丰草茂，山体涵养。
4.溪涧纵横，温润宜人。5.雨水丰沛，滋养着山林。

◎ 序章

❹ 蒲涧清溪

❺ 云山常有细雨滋润

　　不过是海拔300多米的九连山余脉，何以得"白云"之名？一是在一马平川的珠三角城市带，白云山群山是平地而起的绿色屏障，北下或南上的气流，在白云山风云际会，时常会产生白云绕山的壮美画面；二则得益于白云山得天独厚的地理优势和环境，因此自带造云体质。内因外因叠加，白云山便成了华南重镇广州的城市中央，最美的赏云之地。

数字云山

● 最大的天然鸟笼鸣春谷

鸣春谷位于白云山风景名胜区"天南第一峰"旁,名字来源于唐朝诗人韩愈的《送孟东野序》,取文中"是故以鸟鸣春"之意。鸣春谷是目前国内少有的功能齐备的天然赏鸟区。

● 全国绿化义务工作先锋

广州市自**1981年**开始推行全民义务植树,白云山管理单位担任起活动先锋,组织开展义务植树活动,积极呼吁全民参加活动,不断提高风景区生态环境。

● 特色之最

是广州市风景区行业第一家被评为国家AAAAA级的旅游景区;拥有面积高达25万平方米的**西式花园翘楚**——云台花园;国内罕有的面积超大、功能齐备的观鸟区——鸣春谷;全国规模居前的主题式雕塑专类公园——雕塑公园。

● 绿化覆盖率

目前白云山的绿化覆盖率已达 **95% 以上**，据统计，白云山目前共有绿化面积 **4.2 万亩**，分布有广州老城区最大的一块城市森林，年均气温为 21.4 ℃ ~21.8 ℃。

● 供氧量

年单位面积释氧量为 **1038.58 吨／平方千米**，白云山已然成为广州城区宝贵的天然"氧气库"，对改善广州城的小气候具有十分明显的作用，所以又被市民亲切地称为"市肺"。

● 负离子量

负离子浓度 **2000~10 000 个／立方厘米**，达到国家一级标准，与市区相比浓度优势达 **5.4 倍**，空气质量指数优良率高达 92.5%。

● 林分改造

1995 年进行多次大面积林分改造，经过无数绿化工作者的多年努力，将其打造成一座城市天然植物园，成为展示南国植物景观和人文历史兼具的旅游胜地。

● 植物种类

拥有植物种类 **1133 种**；保育国家级保护植物 **20 种**，其中天然分布 **2 种**，即桫椤、金毛狗，为国家二级重点保护野生植物；迁地保护有 **18 种**，如苏铁、土沉香、罗汉松、江南油杉等。

● 动物种类

白云山生态环境系统持续优化，景区吸引众多动物前来"安营扎寨"、繁衍生息，记录到的鸟类有 **206 种**、爬行类动物 **30 种**，两栖类动物 **14 种**、昆虫 **296 种**、哺乳动物 **20 种**。陆生野生脊椎动物（鸟类、兽类、两栖类和爬行类）中有国家级及省级重点保护动物 **65 种**，包括国家Ⅰ级重点保护动物 **1 种**，即白肩雕；国家Ⅱ级重点保护动物 **43 种**，如白鹇、游隼、蛇雕、豹猫、虎纹蛙等；广东省重点保护野生动物有 **21 种**。

1 — 6. 水库、山泉、雨水、地下水……来源丰富的水体涵养，将白云山滋养得四季常青、水汽萦绕。

云山连绵，山从何而来？

白云山为何名为"白云山"，其说法有二。

其一，清代《广东新语》提到："每当秋霁，有白云葐蒀而起，半壁皆素，故名曰白云。"因雨后生云，故山得"白云山"之名。

白云山为何多云？主要原因有二：一是白云山地处珠江三角洲平原西北端，由于地势较高，从西北方向吹来的较冷的风，常被山体阻挡，而从东南方向吹来的湿而暖的海风，亦常被山体阻滞，两风相遇，相持、交融，由此生雾；其次，白云山上林木繁茂，溪涧纵横，地下水源丰沛，地表湿度较高，水蒸气自然较多，而山体复杂的地形又使水汽不易迅速飘散，这为云气的生成提供了有利的条件。

白云山得名的第二种说法，则和安期生的神话有关。

公元前214年，秦统一岭南后，任命任嚣为南海郡尉。任嚣在白云山下建了一座番禺城（即广州城）。当时有一位方士叫郑安期（又称安期生，道教仙人），从东海之滨来到南粤。他见住在广州城内不少南下官兵和当地百姓，因水土不服或湿热气候而患病，便在白云山结茅而居，采集草药为民治病。

今天白云山的许多名胜古迹都与郑安期相关，相传，九龙泉是他遇九童子（九龙的化身）而觅得的泉涌之处，白云洞则是郑的故宅。农历七月二十五日，郑安期为救城内的病患，在山中采撷珍贵的草药——九节菖蒲。他越岩涉水，终在悬崖上发现了九节菖蒲，攀藤摘取九节菖蒲时，野藤突断，眼看就要跌下无底深渊，崖下忽然升起白云朵朵，白云化为仙鹤，负着郑安期，冉冉升天而去。

为纪念仁心仁术的郑安期，后人在山上修云岩寺，建有"安期飞仙台"，附近一块凌空的大石相传是当年接郑安期仙去的仙鹤飞舞之处，得名"鹤舒台"。历朝历代，每逢农历七月二十五日，广州百姓便纷纷来云岩寺纪念这位为普济众生而献身的安期仙人，"云山道上，士女如云，络绎不绝"。白云化鹤，云山人如云，充满人情味的白云山，也因此扬名。

1 摘斗亭

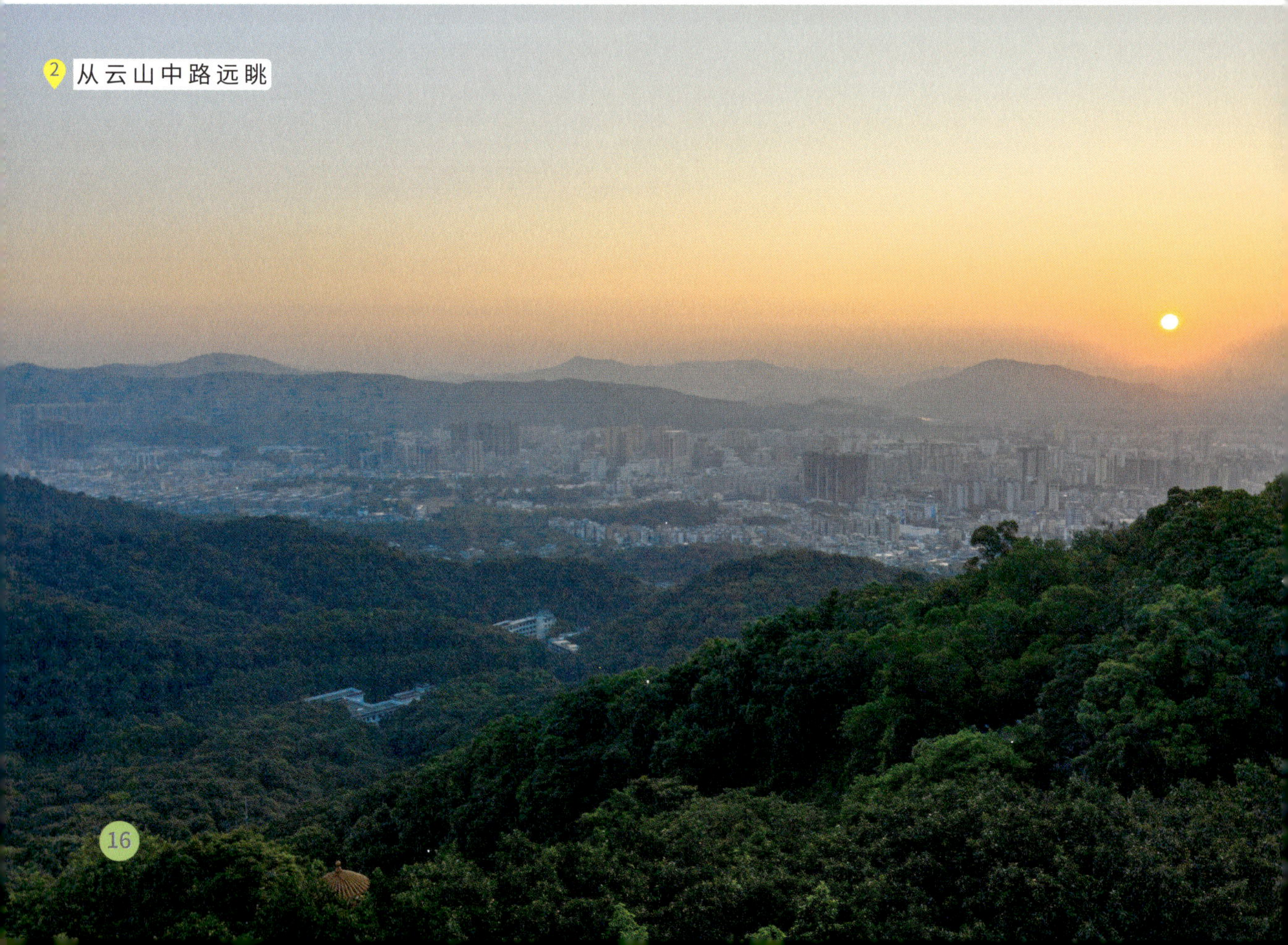

2 从云山中路远眺

③ 郑仙岩

④ 黄婆洞水库

1. 摘斗亭下的岩石藏着亿万年前的秘密。
2. 山势连绵至城央。
3. 郑仙岩的红色岩系岩石露头。
4. 九连山的余脉由从化方向延伸至此。

　　约6000万年前成形的白云山，坐落于广州市区，是广东最大的山脉九连山的余脉，九连山山势南延至广州后，由从化逶迤延至白云山。

　　公元前221年，秦王嬴政先后灭掉六国、统一中原后即派兵北征匈奴、南征"蛮夷"。南征军由任嚣、赵佗率领，大军来到白云山南面、珠江以北处，筑起了"任嚣城"，此城便是广州城最初的模样；而白云山，从一开始便是广州城的天然屏障。

　　白云山山体及其周边山麓形似扁豆荚，侏罗纪浅海沉积岩被花岗岩侵入，部分砂岩变质成为坚硬不透水的石英岩层，成了留在花岗岩岩体内的"俘虏体"，构成了白云山崖壁的地形基础，如五雷岭、摩星岭、天南第一峰山脊沿线等等。松碎的沙泥石砾在炎热气候下被氧化铁胶结起来，成为红色岩系，这种红砂岩在白云山随处可见。经过长期剥蚀，山顶多呈平缓起伏丘陵地形，所以白云山的30多座山峰，都很亲民，容易攀爬。因岩石风化而形成的崖壁在山中有多处，最知名的有摩星岭东壁、滴水岩、安期岩（郑仙岩、舍身崖）、"白云晚望"南壁、虎头岩等等。

　　白云山主峰以下山脉，主要向西南和东北倾斜，次峰环布主峰四周并向南北两个方向延伸，山中四向沟谷纵横，地形迂回曲折，利于储蓄雨水和植物生长。

　　变化多姿的山势、复杂的地质条件孕育出丰富多元的生态，又是建城两千年的广州南北交融、东西交汇的重要节点，天选的屏障和名胜，白云山摘得自古"羊城第一秀"美称，便是再自然不过的事情了。

白云山之历史线索

"山不在高,有仙则名"。追溯白云山历史,因"郑安期驾鹤飞升"的民间传说,使白云山声名在外。虽是地偏一隅的低矮山丘,但这座南国名山以其景色之美、泉水之清、意境之深、人文之韵,引无数文人墨客竞折腰,为它留下了多不胜数的宝贵墨迹;它也是众多名人到访广州时,必定要来观赏或休憩的首选之地。白云山因其景观和人文,成为广州这座千年古城中最为闪耀的名人打卡点。

葛洪　崔与之　冯子材　刘永福
杜审言　苏轼　陈子壮
郑仙岩牌坊　天南第一峰　能仁寺　明珠楼

秦汉

名士郑安期为百姓上山采药，不慎失足坠崖飞仙。后人为纪念他，将其坠崖处称郑仙崖。后来，广州一带居民以农历七月二十五日郑仙飞升日为"郑仙诞"，以感念仙人。

西晋

炼丹家、医学家，人称"小仙翁"的道士葛洪，在隐居罗浮山之前，先是上了白云山，和妻子鲍姑一起炼丹。在白云山濂泉洞底，旧日濂泉右侧，有一口枯井，相传为鲍姑井，是鲍姑当年汲水炼丹处。

唐

杜甫祖父杜审言，武后时为膳部员外郎，因附张易之兄弟，中宗贬之流从峰州（越南北部），不久召回，经广州时，游白云山作《南海乱石山》。杜审言，宋之问，沈佺期，张说，这初唐四大诗人，相传都曾在白云山游玩，吟诗作赋。

北宋

苏东坡登白云山，游觅了慕名已久的郑仙修道之地——"蒲涧濂泉"。看到蒲涧的山泉清澈，联想到：人口稠密的广州城，因饮用水咸涩不洁，时疫横行，而蒲涧山泉甘洌洁净，遂致书挚友广州太守王敏仲，提议以竹年引蒲涧泉水进城，是为宋代的"自来水"。

南宋

白云山旧日所建能仁寺，内有菊坡祠，是纪念南宋时名贤崔与之的祠宇。崔坡还曾建有菊坡亭，竖立石碣，刻有崔与之词《水调歌头·题剑阁》一阕。

明

明末抗清名臣，著名诗人陈子壮在山上筑有云淙别业，作为"南园十二子"的成员，常与诸子在白云山唱和。他所赏识歌姬张二乔，也与白云山结有诗缘。张二乔死后，魂归梅花坳"百花冢"。

清

光绪二十九年（1903），冯子材于广西平乱时在南宁病逝。刘永福正在广州，闻得噩耗，悲痛之余亦忆起了冯子材当日的一番话，便在白云山建了冯子材的衣冠冢。而能仁寺后山的"将军岭"，正是因冯子材和刘永福旧日结伴同游而得名。

民国时期

明珠楼建于民国时期，军阀陈济棠的爱妾莫秀英将原来的小阁改为别墅，内设漆座。

荷树林门岗

桃花涧
一个以观赏桃花为主的景点。相传古代有一高人，在此隐居，种植满山桃树，遂得名"桃花涧"。

明珠楼
建于民国初年，原为荒芜山丘，约于1925年，当地居民陈济棠治理广东时，在军阀陈济棠辟地建阁，祀有神像，为其妾芙秀英将小阁改为别墅。

白云松涛
是"羊城八景"之一，1965年老一辈无产阶级革命家董必武登临此处笔题下"白云松涛"四个字。

摩星岭
白云山最高峰。康熙修《广东志》绘白云山图在卷首称此山峰为"摩星岭"，名曰"天南第一峰"，从此得名摩星岭。

山庄旅舍
建于1964年，乃岭南建筑学派泰斗莫伯治的得意之作，接待过多著名领导人。

九龙泉
相传为郑安期遇九童子化龙之后，出泉眼的地方，故名"九龙泉"。

天南第一峰
牌坊原为宋代(1168年)陶定所建，是白云山古时登摩星岭必经之处。

可憩大草坪

鸣春谷
占地面积为56000平方米，是全国拔尖的面积超大、功能齐备的天然观鸟区。

白云晚望

能仁寺
能仁寺始建于清代，是白云山唯一保存完好的古寺，1993年广州市政府对其进行修复。

蒲谷
"东坡引水"处，传说苏轼倡引蒲涧水，浸润了菖蒲药效成分的甘泉，解救了昌瘟肆虐的广州城。

白云山南门岗
是广州市特色自然教育课堂，将植物知识与园林文化相融，已被纳入华南植物园城园融合体系迁地保护示范区。

云萝花园

白云索道游客中心
游览服务中心

云台花园
是目前国内少有的超大园林式花园，占地面积25万平方米。

白云山管理局

荡湖
呈蝴蝶形状，湖上喷泉在阳光下会彩虹横跨其中，波光激滟、艳丽无比，故取名为"荡湖"。

玫瑰园
建于1964年，主要是以晨曦、晚霞和夜色中璀璨的广州城夜灯火而闻名。园内种植着国内外各色各种绚丽玫瑰，四季花开满园。

护林工作站

白云仙馆
建于清朝年间，为羽士江瀛涛和黄培芳等所倡建。因环境幽雅，成了广州文人墨客雅集之地。

云溪公园
建成于2001年9月，2022年起被纳入华南国家植物园白云山迁地保护示范区。

上坑水库

下坑水库

大金钟水库

星海园
于1985年12月，为纪念伟大的人民音乐家冼星海而建成，其中星海墓为广州市重点文物保护单位，属革命纪念建筑物。

麓湖
麓湖公园占地205公顷，是白云山风景名胜区历史最悠久、面积最大的城市公园。

鸿鹄楼
建于1987年，总高度达24.5米，是广东省内少有的大型古典式楼宇，有"珠水云山第一楼"之称。

翠云亭

聚芳园

雕塑公园
建于1996年，是为隆重庆祝广州建城2210年而建的一个主题公园。

古城辉煌

广州风情街

南洲风采

抗非典纪念广场

双溪别墅

山庄旅舍

1964年

6月，郭沫若南下游白云山，下榻于双溪别墅，为广东省副省长古大存留墨拟对联。1965年，他也借夫人于立群南下山庄旅舍，分别手书"听泉之处"和"葱茏"，现刻于山庄后侧水池旁的巨石上。

1965年

1月，董必武登临白云山，有感于松涛声景的壮观，来笔题写"白云松涛"四个大字。又于山庄旅舍留题，并创作了备受赞称赏的对联："绿树多生意，白云无尽时。"此联写于山庄后侧，书法也好。

"锦绣南天"牌坊，四个大字是1965年朱德登临白云山时题写的。

周恩来总理曾经在双溪别墅下榻，并于山庄旅舍会见国际友人。

1977年

邓小平同志曾于1977年在白云山视察时专程到山庄旅舍参观，并在"山水相逢"处与白云山的职工亲切地合影留念。

白云山主要景点

梅花谷
于2004年1月建成开放，园内以观赏梅花为主，植有近千株花树，环境自然古朴。

黄婆洞水库

翠竹园

回归林
为了纪念香港回归、喜迎澳门回归，白云山风景名胜区修建了回归林，并在澳门回归前夕在此

云山历来多景观，一入云山，恨不能身分几处，饱览云山美色。望一眼白云缭绕的松涛密林，掬一捧蒲涧的潺潺溪水，拜一拜隐于山间的古寺名刹，读一读南雅堂的名人墨迹，再攀一攀云山之巅摩星岭，累了便在名人也爱下榻的山庄旅舍休憩……如此游玩，实是美哉。白云山的景之多、景之妙，非一日便能一睹全貌，游览前可结合时间自行选择中意的景点。

【天南第一峰】牌坊相传为宋代转运使陶定所建，作为攀登摩星岭的指路牌，后人曾经两次对牌坊进行重修。

【摩星岭】原名碧云峰，海拔382米的摩星岭，是白云山30多座山峰之首，有"天南第一峰"的美誉。登临摩星岭，不同的天气可观不同的景致，也是广州人气最旺的广州夜景打卡地之一。

【能仁寺】始建于清代，原址是南宋探花、广州名士李昴英结诗社的玉虹饮涧亭及小隐轩，能仁寺建成后至抗日战争之前，国内政要、名士竞相游览，后毁于战火。1993年在原址依照旧韵重建的能仁寺，保留了玉虹泉、虎跑泉等胜迹，内有苏曼殊所书的"金刚法界"牌匾和清代名将刘永福所题的"虎"字摩崖石刻。

【明珠楼】民国时期广东军阀陈济棠为宠妾莫秀英所建，位于山北百足岗顶的明珠楼，居高远眺，周遭湖光山色尽览眼底。

【白云仙馆】位于风光秀丽的麓湖公园内，建于清朝嘉庆年间，为羽士江瀛涛和诗人黄培芳等所倡建。因环境幽雅，成为广州文人雅集之地。

【双溪别墅】原址是有名的双溪寺，因月溪和甘溪两支泉水绕寺而下得名，后毁于战乱，1964年由岭南建筑学派泰斗莫伯治、郑祖良等人依山就势创作而成，1965年国家领导人周恩来、陈毅等曾在此下榻。别墅门楣上"双溪"二字是朱德元帅手书。

【山庄旅舍】建于1964年，此设计是典型的岭南园林风格，乃岭南建筑泰斗莫伯治等人的代表作之一，曾接待过许多的著名中外领导人。

【广州碑林】摆置了碑刻近300块，收集了部分历代名士、现代诗人、书法家的佳作，包括南雅堂、历史浮雕图、仙墨轩、白云金石文化等景点。

【白云索道】下起白云山南麓云台花园东侧，上至白云山山顶公园，乘坐缆车上山既可以俯瞰景区内众多景点，春看山花烂漫、秋有山林尽染，缆车缓缓，时光慢慢。

【桃花涧】位于明珠楼游览区，是以观桃花为主的生态景点，每逢春季，桃花竞相开放，满谷桃花花色纷繁、花朵艳美，往来游客络绎不绝。

【梅花谷】园内植有宫粉梅、绿萼梅等多种梅花花树近千株，环境自然古朴，丰富的植物群落与质朴的建筑巧妙结合，互相衬托。是集山林生态、旅游景观、文化休闲于一身的重要景点。

【蒲谷】是一个富有野趣的热带沟壑雨林，这里也是"东坡引水"处，传说苏轼倡引蒲涧水，浸润了菖蒲药效成分的甘泉，解救了时疫肆虐的广州城。

【白云晚望】位于山顶公园"罗伞顶"之巅，依山临崖，建于1964年，主要是以居高鸟瞰晚霞和夜色中璀璨的广州城区灯火而闻名。

【鸣春谷】坐落在白云山"天南第一峰"旁，是全国拔尖的面积超大、功能齐备的天然观鸟区，占地5万平方米，1989年9月建成开放。

【云台花园】占地面积25万平方米，这里不仅可欣赏到亚热带园林风光与异国情调，四季皆有花海浪漫的云台花园，还可以领略到"花如海，春满园"的人间美景。

【麓湖公园】位于白云山南麓的麓湖，建于1958年，是当时广州的四大人工湖之一。公园依山傍水，园内有曲桥、亭廊。早观晨曦，晚观夕照，夜观麓湖乱云飞渡，没有围栏的麓湖公园，24小时美景不断。

【雕塑公园】位于白云山飞鹅岭西侧，占地面积46万平方米，是为纪念广州建城2210年而建的雕塑主题公园。园内岭南雕塑大师的优秀作品众多，充分反映了广州历史和岭南文化，是了解岭南文化的好去处。

第一章 识山

对于广州人，
白云山是什么？

——

于今，
白云山是广州人扶老携幼、
每年必要一再登临的心灵氧吧，
穿林过岗，身心得以荡涤；
于古，
白云山是名人贤达的避世仙山，
从山泉、林风、云海中吸收力量，
再重新出发。

对于广州人
白云山是什么

第一章　识山

1. 云山中路观景平台
2. 白云晚望重阳登高
3. 祈福风车
4. 山顶广场
5. 白云晚望

⑥ 祈福的人

⑦ 吹动风车的男孩

对于广州人
白云山是千年福地

"登高、祈福、祭祖、敬先贤，
心之所向千年不息。"

　　一座白云山，半部岭南史。自秦汉起，建城两千年，广州城址未变，许多带有华夏文化特点的传统和风俗，如神祇崇拜、重根念祖等，在广州地区得以完好保存，白云山则是这些传统文化的重要载体。

　　古人重阳登高，意在"会集家人，躲祸避灾，怀念祖先、祈福转运"，这个民俗从中原流传至广州，千年不衰。每至重阳，广州人以登白云山为乐事要事，人潮如水奔涌而至，络绎不绝却又秩序井然，最热闹莫过于重阳前夜，民众手举转运风车夜登白云山，山上人龙、山下车龙，蔚为壮观。人龙登上顶峰摩星岭，守至翌日黎明，看一场辉煌全城的日出，是广州人过重阳节的保留节目。

　　重阳佳节，除了白云山最高峰摩星岭上人山人海，山上规模最大的寺庙——能仁寺也是祈福的重要一站。每至此日，香客不绝、香火鼎盛，寺里寺外尽是代表吉祥寓意的祈福绸带。

　　能仁寺原址是宋朝探花李昂英辞官回广州后结社吟诗之处，后人在此遗迹建寺，或因李昂英、诗僧苏曼殊等文人的文气加持，相传在能仁寺祈祝文运亦甚灵验。

　　白云山亦有属于自己的节庆，被誉为"广州第一诞"——"郑仙诞"，又称"鳌头会""白云诞""菖蒲节"，是广州民众为纪念秦时为广州人解除时疫的方士郑安期而设——郑在白云山采摘除疫、延寿的九节菖蒲而坠崖成仙，广州人在其升仙之地修建郑仙祠，将农历七月廿五日郑驾鹤升仙之日定为"郑仙诞"。这一民俗自东晋开始，至今已有千余年历史。

　　千百年来，广州人认为，在这一天上白云山采集菖蒲、涧中沐浴，能使身体强健，福运连连，老广们通常在农历七月二十四晚开始上山，在山中吸足一晚仙气，第二天祈福之后才精神饱满地下山回家。

　　直至清末，郑仙诞都十分盛行，近年来，郑仙诞再度复兴，佳节往往持续多日，加上重阳节期间的丰富节目安排，在白云山登高、过节，重新成为老广们传承传统民俗的盛事。

1—7.重阳节，广州市民会集家人，手持风车，登上白云山，怀念祖先，祈福转运。

1 观光缆车

2 摩星岭锁爱台

③ 云山中路

④ 海南红豆

⑤ 云台花园·玫瑰园

对于广州人
白云山是爱之印记

"世间无数曼妙与美好，
俱缘起于此处的一次怦然心动。"

都说广州的地图是站立的人，白云山便似人的肺——年单位面积释氧量为1038.58吨/平方千米的绿肺云山，一呼一吸，呼吸间、心跳中，世间无数曼妙与美好，俱缘起于一次次的呼吸与心跳。

白云山山脚的云台花园，各种花木造园造景妙不可言，其中玫瑰园很让人惊艳，近百个品种的玫瑰，满园芬芳，每一眼，是爱。

游罢玫瑰园，从白云索道乘缆车飞跃云山，从高空俯瞰，春天是春花满山，夏天深浅青绿，秋有霜叶千重，冬亦有鲜花不败，每一时，是爱。

白云索道直达山顶公园，著名景点"白云晚望"在此处，依山以观看日落和夜景之美——这处历代皆位列羊城八景之一的绝胜处，视野开阔，可悠然观看日落城际线，如诗如画的烟火人间，每一帧，是爱。

下一站是白云山最高峰摩星岭，摩星岭上有指北针、祈福钟等景点，更有锁爱台，布满密密麻麻的情侣锁。在摩星岭俯瞰，城市风光尽收眼底，珠水蜿蜒、建筑密布，从日出东方一直坐到月照万家，看不完的风光流转，说不完的暖心情话，每一刻，是爱。

下山正是摩星岭下的云天北路，一树树的海南红豆，秋冬时节正在结果，"红豆生南国，此物最相思"，虽说"相思红豆"的正主应该是同科的海红豆，但海南红豆双双对对的豆豆，如何不教人相思呢，红艳艳、双双对对，是爱。

浪漫的本质就是感受美好的一切，于白云山俯瞰与远眺的那一刻，日落日出，万家灯火，纵然平凡，情怀亦成诗。

是诗，是一次次、一处处的怦然心动，是爱。

1.缆车经过浪漫的七彩秋林。2.到摩星岭数星星、在锁爱台祈美好心愿。3.山庄旅舍对出的云山中路，和爱的人一起守候日出吧。4.海南红豆的一对对"爱心"。5.云台花园玫瑰园，爱之花四时盛放。

① 明珠楼景区

② 可憩大草坪

③ 麓湖公园

对于广州人
白云山是美之学堂

"白云之秀，园艺之美，步步可荡涤心胸。"

从古至今，广州是货如轮转的花卉交易之都，是四季无处不飞花的花城，广州人历来有种花、爱花、赏花之习，整座城市四季花团锦簇，各种花展接连不断，家家以种花为乐事，人人以赏花为雅事。每年花城大大小小的花展众多，不少重要的花展选择在生态美、体量大的白云山落地，白云山也成为广州表达自然之美的美学担当。

像2023年3月启动的第30届广州园林博览会，许多人气极高的作品就分布在白云山，包括白云山可憩大草坪、明珠楼周边，以及云台花园、麓湖公园、雕塑公园等处，沿着云道皆可串连的各处景区，一路赏花，眼睛很忙、花景很美。

作为广州一年一度的美之盛事，多年来集中在海心沙闹市区的园林作品，这一次有了更大的发挥空间——来自粤港澳大湾区，以及泰国、老挝等东盟各国的优胜竹艺作品落户麓湖公园，夜色中漂浮于湖面的竹艺作品灯光亮起，映衬着湖光山色、流光溢彩，麓湖彼时天天被惊艳刷屏。

1—2.第30届广州园博会白云山展区的布景，仙气十足。3—5.麓湖公园展区被刷屏的优秀作品。6—7.云台花园也鲜花满园。

1. 明珠楼景区·梦蝶
2. 明珠楼景区·炫色
3. 明珠楼景区·展屏

④ 西门入口·向阳花木

⑤ 西门入口·姹紫嫣红

各组大型的花境作品则直接在各大公园落地，花植与建筑在大自然间相得益彰，如幻亦如真，作品不再是展览场地中的高冷之作，而是公共空间里扑面而来的自然之美，无论晴雨，抬手就能出大片。

一条云道，贯穿白云山风景名胜区的各个公园，一边"行公园"，一边观赏花境作品，品味雕塑公园里富有艺术张力的雕塑作品，在麓湖公园穿湖越林，在云台花园感受四时花团锦簇，在白云山登高，一路都是诗情画意，步步拾花景，都如明珠落盘，一枚枚嵌在云山之中，拾起，便是记忆里美之珍宝。

簕杜鹃虽是舶来之花，广州人对它在市政园林上的运用，可谓走在全国之前沿——在广州的天桥上经常会出现簕杜鹃的身影，它花期长，几乎全年都能看到一条紫红花边"织"满天桥。不只是紫红色、橙色、红色、黄色……广州天桥上的簕杜鹃，颜色缤纷到让人词穷。

所以，两年一度的广州簕杜鹃花展，不只是广州人的重要花展，也是全国同业和爱花人翘首以盼的盛事。2021广州簕杜鹃花展，在白云山落地，正值秋冬季节，上山游玩，领略被霜叶浸染的白云山，欣赏各品种簕杜鹃的花色，实在是惬意快哉。

这一届簕杜鹃花展依托白云山"山幽、林绿、水清、气爽"的优美生态景观，在西门、水景桥、明珠湖、桃花涧等各大景点布置了多组花境作品，自然灵动地将花境串联成线，其中主要展区设在桃花涧和明珠湖一带。

明珠楼景区的自然风光本就迷人，景区四周再添了缤纷鲜艳的簕杜鹃花海，树上、湖岸、路边……无处不是簕杜鹃在摇曳生姿，花境极富美感，花材运用也有新意，各色簕杜鹃新品多不胜数、颜色姿态各异，五彩斑斓点缀得白云山更加秀美。

除了簕杜鹃花，向日葵、兰花和菊花等同时盛放，满眼尽是秋冬的暖色。

同期正是白云山上枫香红叶时，阳光穿透枫叶，光影斑驳，这一山，皆是让人迷醉的秋色。

1—5.2021年，明珠楼景区的簕杜鹃花展布景获一致好评。

① 西门·人面樱花

② 桃花涧·花影乐韵

③ 麓湖公园·春满人间

④ 聚芳园·花径蜿蜒

⑤ 桃花涧·古风倩影

⑥ 桃花涧·桃花含笑

7. 摩星岭　8. 梅花谷　9. 桃花涧　10. 雕塑公园云道

对于广州人
白云山是踏青寻芳处

1.西门草坪上的樱花宛清香佳人。2.桃花涧二乔玉兰花开。3.麓湖的宫粉紫荆一路粉花。4.聚芳园杜鹃满山。5—6.桃花涧春花盛放。7.每年老广们都踊跃参加白云山的义务植树活动。8.梅花谷寻梅。9.桃花涧人面映桃花。10.从云道进入春天。

曾经，白云山山峦连绵、仙踪处处，绿树荫荫、溪流淙淙，各朝文人墨客留下了大量歌颂云山美景的诗词。而1938年日寇将白云山炸成草木不附的荒山野地，每当雨季白云山常有山洪暴发，危及周边百姓的安全。旧广州有谚道："白云山上剃光头，白云山下断水流，三日大雨村成塘，三日不雨渴死牛。"说的就是白云山从林丰山秀的"羊城第一秀"，变成寸草不生的荒山后，给广州城带来的生态灾害。

中华人民共和国成立后，广州市政府号召全市各行各业各单位集体上山义务植树，许多热心市民亦自发地组织植树行动，经过全民的不懈努力，白云山由满目荒芜重返满山青绿。同时，政府持续大力修葺、整治，推进"青山碧水蓝天"工程，1995年起实施的林分改造，至1999年已改造绿化面积3万余亩。今天，白云山绿化覆盖率已达95%以上，成为调节广州市区小气候环境的中坚力量。

白云山上许多树都是广州人手抬肩挑、一锹一锹、一棵一棵，饱蘸深情种下，"为白云山铺绿"的义务植树活动，至今仍在持续进行。"山无情则凶，山有情则吉"，今天，山清水秀的白云山重新成为呵护广州人的有情之山。

在著名景点"白云晚望"，每逢周末，人们聚在此处的唱歌台风雨不改，准时"开咪"大合唱。这些歌者，多是上了年纪的长辈，在自己有份参与建设的美好云山，乐享山水情，共沐夕阳红，歌唱无悔的青春，歌唱美好的生活，歌唱深爱的祖国。

除了无穷青绿，景区内多种花树，梅如雪、樱如霞，桃花满谷、宫粉紫荆满路，白云山的四时芳菲，给花城人添足了花精气花精神，这也是白云山给花城人的滋养。你来，笑靥如花。

① 蒲涧

② 九龙泉

③ 郑仙岩

对于广州人
白云山是清泉涤尘处

"幽谷清泉，石崖飞瀑，
得一刻清凉，得时刻心安。"

著名广东学者屈大均的《广东新语》在白云山一节中说到山中各泉之美，而山泉多与文人结缘，他总结道"是山之胜尤在水"，认为白云山之灵，水犹胜于山。白云山的泉水与历代名人成就了不少佳话：郑安期饮泉修仙；苏东坡爱民引水；景泰禅师挂锡杖点石而成泉；旧时"羊城八景"之蒲涧濂泉，更是引历代文士竞相为之颂诵……

白云山的水体由水库、人工湖、山塘、溪涧、泉眼等组成。山中的小水库有"黄婆洞""大金钟""上坑""下坑"等多处，人工湖有麓湖、明珠湖等多个。溪涧在山中随山脉和山谷走向从中部山脊线，四面呈树枝状分布。

从古至今，有据可查的山中主要溪涧有：蒲涧、濂泉、双溪、归龙溪、百花涧等。白云山上的泉眼，主要分布在山体中段和东南、西南部，分别为：九龙泉、鲍姑井、玉虹池、月泉井、泰泉、宝鸭池、碧乳泉、甘露井、虎跑泉、五宝泉等等。

白云山之山泉多以表层泉和节理泉（裂隙泉）为主，前者多因白云山山体中的花岗石不透水，雨水、地表水沿山坡流下而成，云山中众多流涧都是此类溪流；后者则多因红色风化层被流水冲刷剥蚀、基岩出露，沿地面风化层下透的地下水，在花岗岩的裂隙中沁出而成泉，九龙泉和白云山顶一带的地下水，便是此类。而山上的硬石英砂岩露头基本都为悬崖急坡，地下水渗出后形成潺潺泉流、飞瀑，滴水岩、蒲涧濂泉源头便是如此，而蒲涧崖体是厚达120米的石英岩，体量壮观，蒲涧濂泉能成为羊城八景，除了有郑安期仙人与九节菖蒲仙草的仙气加持，当年苏东坡所见的飞瀑跌落巨岩的"百尺飞涛泻漏天"的气象，也确能让人心旌荡漾。

这荡涤凡尘的山泉，如何让人不爱？

1.蒲涧清泉。2.九龙泉。3.郑仙岩。

① 蒲涧

映花画山之水
　滌尘荡心之泉

② 蒲涧泉淙淙

③ 麓湖碧水皱：小䴙䴘育雏

④ 白云山是国家二级保护动物唐鱼的模式标本产地

❶ 能仁寺山门

❷ 能仁寺鸟瞰

③ 能仁寺月夜　　④ 大雄宝殿　　⑤ 能仁寺晚课

对于广州人
白云山是心灵安放之所

"深谷闻鸟啼，暮色听梵歌，最心安，是这处都市中的心之绿洲。"

"山不在高，有仙则名"。白云山自秦汉起就已声播四海：秦时有郑安期跨鹤飞升，晋代又有葛洪炼丹求仙。"南朝四百八十寺，多少楼台烟雨中"说的虽是烟雨江南，但正是南北朝时期白云山也开始兴建佛寺。此后，如景泰寺、白云寺、药王庙、能仁寺……众多寺庙道观，如春笋涌现。古寺多在1938年被日寇炸毁，山中目前尚存遗痕可追古的有：能仁寺、景泰寺、药王庙和白云寺。

能仁寺是白云山上一处名胜，始建于清道光四年（1824）。当时仅有"茅屋数椽"，随后陆续增建，到光绪年间成为白云山规模最大的佛教寺院，是当时白云山玉虹涧的名刹。1995年重建开放后，重为白云山增添了几分宁静深远之意境，山中梵音，又不知抚慰过多少行人的身心。

景泰寺始建南朝梁时，后世扩筑上、下两寺，周边流水淙淙、树木浓荫。景泰寺建在半山，每当黄昏时，外出化缘的僧人三五结伴而归，僧影在山中缓行，青山因僧袍而添静穆宁静气象，独具禅意之美，故以"景泰僧归"位列"羊城八景"。沿山径上溯，古井、寺基尚存。

药王庙则在五龙谷（景泰坑侧下），庙祀药王孙思邈。庙不远有碑，碑中提到：五龙谷庙是同治年间由刘姓道长所建，当时建有孙真人大殿等庙房。白云山附近乡民尤以水上居民艇户拜祀为多，乡人祀之甚灵验，故香火向来鼎盛。今遗址仅存残垣断區和八卦池。

白云寺同样仅剩被炸断的颓垣，明代大儒湛若水的白云书院旧迹也湮没在了岁月中。白云苍狗，最能让人心安静的，应该还是山中岁月，光阴，一寸寸变长，长得可以疗愈世上所有的伤。

1—2.幽林深处，能仁寺就隐在这无尽的深绿浅绿中。
3—5.能仁寺僧人前往晚课的路上，宁静肃穆。

① 能仁寺

② 郑仙岩

白云山是读史诵文之课堂

对于广州人

3 刘永福象形草书"虎"

4 董必武手书"山庄旅舍"

> "千年名胜,人杰来往,
> 一砖一石,皆藏城脉万缕千丝。"

两千多年前郑安期的仙迹早已不存;晋代道医葛洪夫妇修道、炼丹处所也不知所踪,但葛洪的道教宏制《抱朴子》却是在白云山上落笔;自南北朝开始,佛门陆续入山建造的庙宇也基本湮灭,所幸各朝名士留下的诗词与碑文,却得以代代流芳,以此可窥云山之风貌、羊城之风骨。

今天,读到能仁寺中苏曼殊所书的"金刚法界"牌匾,便可复习一代情僧、诗僧曾在蒲涧寺落发的往事,曼殊才盛、情炽而一心向佛,所以笔力浑厚又内有灵秀,再解其身世,便补上一段时光遗珍。

又比如,能仁寺中清末抗法名将刘永福将军所提的"虎"字,虎虎生威的象形草书,亦在他守望过的潮阳海门及晚年在广西钦州的乡宅中堂出现过。这位怀着老骥伏枥的遗憾,告别守护的一方国土,放下未竟护国大业的虎将,最后下葬于钦州沙埠镇老虎头村,留在广州的一个虎字、一条叫"永福"的路名、一座纪念同袍的家庙,成为一段悲壮往事的线索。

几乎是同一时间,长沙的邓万林题的"红尘不到"就镌刻在郑仙岩侧畔的石壁上,题字时正是甲午战争之际,举国已难觅红尘不到之地。

白云山上文人墨宝最集中的地方就是碑林,以位列国子监祭酒的黄佐之《白云山赋》为序,他曾将已毁的景泰寺改成泰泉书院,500余字的赋,尽是对白云山的深情与厚爱。碑林最珍贵的就是名儒陈白沙先生所作的《应试后作》,白沙先生束茅为笔,笔力"沉雄苍劲,朴茂绝伦",诗末一句是"平生荣辱事,来往一轻尘"。

这山,果然是最能教你我,且把荣辱名利卸载,淡忘于滚滚红尘中。到红尘外的青山里读诗研墨,笔墨有韵,青山,有情。

1.能仁寺中的金刚法界牌匾。2.郑仙岩"红尘不到"碑。
3.能仁寺留存的刘永福题字。4.董必武题"山庄旅舍"。

1 郑仙岩·远眺

2 郑仙岩·仰望

3 蒲涧

④ 碑林

⑤ 白云晚望

1—2.郑仙岩这处红尘不到的绝幽处,正对着山下滚滚红尘。3.于蒲涧坐亭听泉。4.在碑林读史诵诗,一晃千年。5.哪个广州人没在白云晚望守过一场晚霞。

① 苏家山

② 卢廉若墓依山势而建

③ 卢廉若墓的华表、石狮等

对于广州人
白云山是寻古探幽之秘境

"青山忠骨，灵山福地，
静穆千峰，大梦方觉已千年。"

"重冈已隔红尘断""白云千载空悠悠"，白云山千峰万壑、层峦叠嶂，作为城央的灵山福地，云山曾接纳了无数文豪、名将、高官、巨贾，佛门大能、乡间贤达，长眠于斯。古往今来，城中人杰，俱托体白云福山，为世人留下无数可叹可颂的篇章。

白云山是福地——所以城中名刹的高僧墓塔多建于山上——六榕寺祖师墓塔群位于白云山柯子岭和顺岗，现存面积2000多平方米，是广州目前保存规模最大、数量最多的佛教墓塔群。华林寺历代祖师高僧墓园，内有明清时期的墓塔、墓冢20多座，对研究广州佛教历史有重要价值。

白云山上的林立古墓，亦多为文物保护单位，对研究广州城史乃至中国史都大有帮助——苏绍箕据传为苏东坡之孙，去世后葬于"月溪寺"后，即现在的苏家山。每到清明、重阳时节，便有许多苏氏后人前往拜祭，很是热闹。

姑嫂坟为南宋番禺沙湾大族何姓姑嫂合葬墓，而同在白云山的沙湾何姓始祖何人鉴家族墓为广州市第七批市级文物保护单位。

位于白云山双溪别墅后面的青龙岗，又称卢家山，乃因山岗中部建有卢廉若墓而得名。整座墓依山势而建，规模恢宏、气势雄伟，是白云山上现存规模最大的墓葬。这座保存极为完整的私人墓葬，现为省级文物保护单位。

与卢廉若墓豪奢、恢宏不同，在白云山南坡能仁寺后有一座小小的墓园，简素、质朴、内敛，墓主人却是近代史中最早的改革派——戴鸿慈，光绪二年中进士后，历任侍郎、尚书，军机处行走及协办大学士等职，是崇商、务实的广州人中极罕见的朝廷重臣。

"岭南三大家"之一的梁佩兰，其墓地位于白云山柯子岭南麓，梁诗作意境开阔，笔墨中最是对家乡广州直抒热爱。

是啊，这座古城，有白云山穿针引线，读懂了，如何让人不念不爱？

1.苏绍箕墓所在的苏家山。2—3.卢廉若墓。

赏花临月之所
听风观云之间

明珠楼景区

1 山庄旅舍

2 双溪别墅

对于广州人 白云山是细品美筑之地

③ 明珠楼顶楼
④ 山庄旅舍内庭
⑤ 双溪别墅景观

"白云山建筑古迹良多，品其与自然之对话，甚妙。"

两千年城央名胜白云山，曾经历战火，古迹多受摧残，经过修复与重建，云山间留下了不少独具岭南特色的优秀建筑。岭南的建筑，尤其注重建筑与所处环境的融合、使自然景观与人文景观相得益彰，这种思潮的代表建筑有明珠楼、山庄旅舍、双溪别墅等等。

明珠楼为军阀陈济棠为其爱妾莫秀英所建，毁于日军炮火后，于1958年重建，现为琉璃瓦歇山顶的楼阁式建筑，建于山丘上，山下是小巧秀美的明珠湖，楼外广植杜鹃花，春来杜鹃花开似海，简洁轻盈的明珠楼隐于山林与山花之间，更显娴静幽雅。

双溪别墅由岭南建筑学派泰斗莫伯治、郑祖良等人负责设计，选用了转角无立柱悬挑阳台、全开放敞厅等设计手法，使整体建筑与自然融为一体，在建材的使用上也大胆超前，设计语言简洁而大方，端庄又不乏清新。

山庄旅舍由莫伯治主持设计，依山势自下而上建成外向开阔、内望幽深的庭园，三面环山的建筑群落，又将内庭园精心布局，将自然美态有机引入。

除了空间之美，这些建筑，又与众多响亮的名字相连，在品读这些建筑时，便如与伟人隔时空邂逅：谢谢你，这盛世如你所愿。

1.山庄旅舍与山林相融。2.岭南建筑的代表作——双溪别墅，大自然被请进室内。3.明珠楼。4.山庄旅舍，建筑与自然的对话。5.双溪别墅，山谷中的律动。

第一章 识山

55

① 梅花园门岗

② 柯子岭门岗

1.梅花园门岗,线条简洁而富禅意。2.柯子岭门岗,线条柔和的回廊向山间递进,形成宜人的公共空间。3.翠竹园门岗,越过山门,就步入山林。

　　两千多年历史的广州,一直保持着宜商宜居"六脉皆通海,青山半入城"的山水城市格局,宋代的六脉渠早已被暗渠所代替,珠江水岸也历年更迭,唯独白云山,一直青山不改。

　　二三十年前,广州人口还没有今天这样稠密,有这么一座郁郁葱葱的白云山,半城的广州人就能呼吸上甜美的空气。而每年重阳,广州人必要登上白云山为家人祈福。城央的这座青山,就如广州人的集体乡愁,忘不了,离不开。

　　自2019年开始,白云山全力推进"还绿于民"工程,一系列拆违复绿、景观升级优化工程全面展开,今天,白云山更绿更美了。

　　还绿于民工程还拆除了白云山区域内的违法建筑和影响景观的建筑,对白云山南门、西门、北门、柯子岭门、翠竹园门、梅花园门等6条主要进山通道路面、人行道、绿化及沿线建筑进行景观提升,实现绿化美化净化,以游人需求为本,完善了白云山的慢行系统。

　　还绿于民工程中,包含了多个门岗的改造和提升,广邀建筑大师以艺术化的建筑语言,带给游人全新的视觉享受:南门门岗由何镜堂院士领衔设计,以白云山的山、水、花、云为设计灵感,结构轻盈而飘逸,仿佛一把把云伞散开遮蔽,阳光倾洒之下,地面光影斑驳。

　　西门门岗改造后,除了增加休闲和停车便利,还多了更多的兼具实用性和美观的公共空间,如景观连廊的设计,以大量的透窗和半围合空间,使风对流其间,既注重私密性,又提升了舒适度。

　　柯子岭门岗则以云作为建筑的肌理元素,设计成一个山畔的流动云廊,轻盈流畅的景观回廊蜿蜒242米,形成行云流水般的步道,花木有韵,建筑灵动。

① 翠竹园门岗

1.翠竹园门岗,以简洁的"山门"形象隐于山林间。2.柯子岭门岗,线条柔和的回廊向山间递进,形成宜人的公共空间。3.南门门岗以云伞造出流动感。4.西门门岗简洁大气。5.梅花园门岗典雅而富韵律感。

梅花园门岗和翠竹园门岗皆由著名建筑师冼剑雄担纲。白云山西北侧的翠竹园门岗,由外语学院南路进入,登山路径与西门园路隔墙相邻。原门岗须经过冗长而景色单调的水泥车道才能到达门前广场。改造之后,翠竹园的景观设计,从进山的水泥路沿线就进行绿化优化,加入滨水草地疏林休闲区,原通道加入景观元素,进山观感先抑后扬,山门前有溪流、小型湿地、树林,后有竹海和重重山峰,茂林修竹,清流激湍映带左右。

梅花园门岗面积小、高差大、入口窄,整个门岗隐入林中。建筑主体材料为素混凝土,圆形空间的墙体用混凝土砌成穿斗墙,既能保证空间的通风采光,又可通过丰富的光影增加空间趣味性。为了顺应场地山谷跌级而下之势,形成似流水般蜿蜒而下的步道和多层次立体活动平台,展现出独特的岭南风采和时代特色。

所以可见,白云山对广州人而言,不仅是风景优胜之去处,还在于一砖一瓦的建设,一步一步,使云山处处可亲,可用,可赏,可读。

第二章 耕山

一百年，
用植物充盈一座山

从 1927 年，
单一栽种马尾松、坟山满目的山岗，
到满山青绿为骨、繁花为肌的 AAAAA 景区，
一百年，很长，也很短。

上两图,由德国建筑师Ernst Boerschmann于20世纪初、清朝风雨飘摇之际,在白云山顶所拍,只见当年的"羊城第一秀"白云山,已沦为坟山。

一百年间，以植物作锄，耕山耕心乡

白云山上的绿，初时还只是野放的原生状态，宋代大文豪苏东坡看到的还是古木千章、百尺飞涛、林茂水盛的羊城第一秀之名山，但到晚清时文人沈世良所见，已是"泉水亦清浅，一半成墓田"，到了清末德国建筑师 Ernst Boerschmann镜头所见，不少山岗已是草木不附，但见坟茔叠叠，空剩白云悠悠。

之后的百年间，白云山上的绿，在被一片片吞没之后，又再一点点被修复：

1929年，国立中山大学第一模范林场，第一次有了专门机构对白云山进行依法依章管理；以黄婆洞等地作为林木试验区，进行了马尾松、苦楝、杉木等速生树种的造林试验，树种比较单一；当时广种马尾松的原因是：种植马尾松，可以改善土壤的有机质、无机质，固水能力也有所提升；马尾松成材后，间种油茶、木油桐、相思树等经济树种，以树养树，十分"悭家"；

1938年，日本侵略者轰炸白云山以立仓库等军事设施，复绿初见成效的白云山，林木、古建尽毁；

1950年，解放后，广州作为全国第一个推行义务绿化的城市，先后有数十万人次参加义务劳动，时任中共中央华南分局办公厅主任的林西，担任第一任护林队队长。自此多年，白云山上的义务植树活动持续不断，广州人以持续高涨的热情，为云山绿美奉献力量；

1958年，广州市政府批准成立了白云山建设管理处，推动生态恢复和景区建设；

1959年，白云山正式对公众开放；

1986年，因时有发生附近村民上山盗墓、私伐树木，白云山风景区管理办法出台；

1988年，开始不间断拆除违建、复绿工作；

1989年，鸣春谷风景区正式落成开放；

1992年，论证林分改造工作，决定改变以马尾松为主的单一林相，减少单一林相导致的病虫害、火灾等频发生态灾害，但又保留标志性的松海景观；

1995年，广州市政府开启"青山、碧水、蓝天工程"，同年广州市人大公布《广州市白云山风景名胜区保护条例》，这一年，云台花园正式开放。云台花园、鸣春谷、白云索道分别被评为全国最大的园林式大型花园、全国最大的天然鸟笼、全国最早采用单线循环及双钳口开口式抱索器的旅游观光缆车，入选"中华之最"；

1995—2003年，有计划地进行林分改造，是广东先例，也是全国先河；

1996年，原白云山建设管理处升级为白云山风景名胜区管理局，同年《广州市白云山风景名胜区保护条例》实施；

1998年5—6月，先后改造种植了白云松涛疏林草地、牛岭疏林草地共3万平方米；

1999年4月，1999年度白云山林分改造工

1 毛果杜英刚种下时

2 马尾松的单一林分

程计划实施完成，共改造林地6000亩，种植各类苗木近30万株；6月，完成麓湖公园"四方地"绿化及游园的建设，占地13000平方米；10月，完成"回归林"纪念景观建设，占地3万平方米；

2002年，被评定为"国家重点风景名胜区"；

2003年6月，"林相改造"验收总结大会在白云山管理局召开，实现"山幽、林绿、水清、气爽"，可闻鸟鸣、可见蝶舞、可嗅花香；

2007年5月，白云山生物防火林带建设工程启动；

2008年3月27日，《广州日报》头版报道麓湖上空出现了白鹭，标志着白云山周边的生态良好；

2009年，获颁"全国文明风景旅游区"荣誉称号，同年10月，《广州市白云山风景名胜区总体规划（2009—2025）》通过了国务院审批并发布；

2010年11月30日，白云山明珠楼游览区绿道工程完工；

2011年，被评为国家AAAAA级旅游景区；从光孝寺的两百岁古树的种子培育了400多株诃树，种在柯子岭；野生动物进城试点开始：大杜鹃、珠颈斑鸠、山斑鸠、华南兔、赤麂、黄鼬、泽蛙、沼水蛙、斑腿树蛙上山；年末，引入赤腹松鼠、隐纹花松鼠、黑水鸡；

2020年，有序推进还绿于民工作，切实加强基础设施建设、规划实施和资源保护力度，提升景区景观品质。全年拆除影响景观自有建（构）筑物共计40宗，建筑面积约8025平方米；

2020年，对明珠湖堤坝、城建林入口主干道左侧、农趣园、望景、原柯子岭汽修厂、云山南路（高架桥底两侧）、雕塑公园抗非典纪念雕塑至花架廊路段等进行绿化改造，合计超过3万平方米；

2021年，因林分的丰富多元，吸引到更多的动物在白云山安居乐业，观察到的鸟类有170种、昆虫185种、两栖爬行类动物43种、兽类16种，其中国家级及省级重点保护野生动物51种；

2022年监测与分析数据表明：白云山空气清新怡人，在夏季发挥较明显的城市冷岛效应，年空气质量指数优良率高达92.5%，空气负氧离子浓度平均每立方厘米2000多个（2022年测得最高值可达9000多个），空气负氧离子浓度与市区相比优势达5.4倍；

近百年间，这座装载了广州人太多情感的羊城第一山，从1995年开始，先是用了9年时间，将单一林分的马尾松纯林，改造成优良阔叶林60多种，约141万株的多彩山林，马占相思、高山榕、细叶榕、木荷、红花荷、木油桐、黧蒴锥、毛果杜英、鱼木、大叶紫薇、枫香、楠木、黄槐、宫粉羊蹄甲、黄花风铃木、美丽异木棉……山林成分被一点点以绣花的心思，使林分布局得丰富多彩，而群落中的万物，也随之欣欣向荣。百年满目疮痍，彼时终成满眼青葱。

大自然是本学不完的教科书，白云山的提升与优化在与大自然的对话中，持续学习与推行，山不在高，峰不在奇，花开蝶舞鸟鸣鱼翔的白云山，很美很仙。

注：

群落：相同时间聚集在同一区域或环境内各种生物种群的集合。

林分：是指内部特征大体一致，而与邻近地段又有明显区别的一片林子。一个林区的森林，可以根据树种组成、森林起源、林相、林龄、疏密度、地位级及其他因子的不同，划分成不同的林分。

三种代表群落

○ 陪伴两千岁广州城成长的白云山,近百年来,先是遭遇人祸,再历经山林树种的多次优化改造,在浩大而持久的提升当中,白云山也形成了千姿百态有趣的植物群落,这些群落,便是散落在无穷绿意里的生机盎然的一个个小家。欢迎走进下面三个家庭,听听它们的故事。

黑桫椤群落

◎ 马占相思—黑桫椤群丛（黑桫椤群落）的典型样板在白云山鸣春谷景区的蒲谷。群落型是以黑桫椤为特征种的植物群落，群落中的多样性较为丰富，有植物种类59种，结构上具有乔木层、灌木层、草本层3个层次。

破布叶 花瓣长圆形，长3~4毫米，花期6~7月。在阔叶林结构中普遍在中部，有利于物种多样性的保护。本种叶供药用，味酸，性平无毒，可清热毒，去食积。

香花崖豆藤（鸡血藤） 香花崖豆藤花量繁多，花期长，耐干旱，是很好的园林绿化植物。其茎为中药鸡血藤的主要来源之一，具有行血补血、通经活络、强筋壮骨之功效，根也可供药用。

大叶黑桫椤 植株高大，株形美观，有很高的观赏价值。桫椤科植物比较古老，是现存的唯一的树蕨类植物，常被当作古地质学、古生物学及古气候学等学科的理想研究材料。

曲轴海金沙 多生于疏林中，全草干燥成熟孢子入药，有清热解毒、利湿利胆消肿的功效，为治疗湿热肿满、泌尿系统感染等症的常用中草药。

福建观音座莲 常野生于林下溪边或沟谷，喜阴湿，较耐寒。株型优美，叶色青翠亮绿，具有观赏价值。其根状茎连同宿存叶柄俗称山羊蹄，有疏风祛瘀、清热解毒、凉血安神之功能。

金脉爵床 喜温暖、半阴环境，也耐全光。常在草坪边缘成片种植，装饰其他绿植树木，具有园林绿化和室内装饰作用。

团花（黄梁木） 爱长在水边的团花，是高大的速生树种，树干通直极易成材，果子如绒球状，清新可爱。

马占相思 马占相思喜光，喜温暖湿润气候，不耐寒。由于具有速生性、耐贫瘠和用途广泛等特点，是荒山绿化、防风固沙的重要先锋植物。

金钱蒲 金钱蒲又称钱蒲、随手香，多生长于水旁湿地或石上。全株具香气，手触摸后香气持久不散。根茎可入药，具有开窍化痰、健胃、辟秽、杀虫之功效。

华南苏铁 树形古朴，姿态优雅，四季常青，寿命较长，适宜庭园、盆栽观赏。利用其叶可编织笠帽、插花、制作干花材料。根、叶、花、种子均可入药。

花叶冷水花 花叶冷水花叶主脉两侧较有规律地排列着几列白斑，绿白相衬，深得人们喜爱。其有耐寒、生长力旺盛等特性，全株可入药，具有较高的开发利用价值。

柯群落

◎ 柯群系在白云山风景名胜区的分布较为常见。以柯为建群种,乔木层以楝叶吴萸、醉香含笑、木荷等为主。灌木层以豺皮樟、狗骨柴、九节为主,草本层有铁芒萁、山菅兰等。

柯 树皮褐黑色,不开裂,内皮红棕色,木材的心边材近于同色,干后淡茶褐色,材质颇坚重,结构略粗,纹理直行,不甚耐腐,适做家具、农具等材。

九节 传统药用植物,枝、根、叶可药用,具有清热解毒、舒筋活络、祛风除湿之效,是国家非物质文化遗产——广东的凉茶常用中药之一。

芒萁 全草可入药,有清热利尿之功效,可保持水土及改良土壤,也是火灾后可以急速复原的植物。

山菅兰 高温湿润的白云山的山地气候,很适合山菅兰的生长,只要见到山菅兰,便离溪涧不远了。

木荷 作为我国亚热带地区常绿阔叶林的主要优势阔叶树种，因其生长迅速、木材结实耐用，极具经济价值，同时，木荷还是出色的防火林的主力树种。

醉香含笑（火力楠） 醉香含笑不仅树体高大，而且树形美观，花色洁白，花香浓郁，可提取香精油，果实鲜红，观赏价值较高。成林具有一定的抗火能力，可营造防火林。

楝叶吴萸 树干通直，速生，成材快，抗旱，抗风。鲜叶、树皮及果皮均有臭辣气味，以果皮的气味最浓。根及果用作草药。据载有健胃、祛风、镇痛、消肿之功效。

豺皮樟 生于灌木林中或疏林中或山地路旁。可入药，有抗微生物，抗肿瘤等药理作用。种子含脂肪油63%~80%，可供工业用。叶、果可提芳香油。

狗骨柴 多生于山坡、山谷沟边、丘陵的林中或灌丛中，耐阴。材质密强韧，加工容易，可为器具及雕刻细工用材。根可入药，有清热解毒，消肿散结等功效。

木荷群落

◎ 木荷群系是白云山重要的植被类型，初步调查，有6个主要分布区域。该群落主要由常绿种类组成，少数草本种类为一年生。群落外貌没有明显的季相变化，群落结构可分为乔木层、灌木层和草本层，藤本层即层间植物不明显。

海南蒲桃 喜高温多雨。木材淡褐色，结构细致，纹理交错，耐腐耐虫蛀，可作造船、建筑、桥梁等，是优质用材。

木荷 是我国亚热带地区常绿阔叶林的主要优势阔叶树种，具有极高的经济价值与生态意义，亦是优秀的防火林种。

山菅兰 多生于林下、山坡或草丛中，为有毒植物。对污泥有较好的适应性，对部分重金属的富集能力和转移能力较强。

防火林植物，你认得几种？

火灾是森林的头号敌人，你可知道有一些植物却是防火小能手，它们通常有如下防火特性：植株（主要指叶片）含水率高、粗脂肪含量低、叶片及树皮厚度大、燃烧热值低、碳化速度慢、树冠遮热性强、产生可燃气体比例低等等。

白云山中也生长着这样的抗火、阻火明星，它们中有不少成员还拥有极高的观赏价值，真是又美又飒。

作为白云山的抗火、阻火明星，它们不仅是观赏价值高的园林绿化优秀品种，还担负着平衡碳氧、水土保持、降尘抗菌、降温增湿等作用，来认识一下：白云山防火林的一姐——木荷。

木荷

木荷是本土植物，花量大且美丽，叶片坚韧厚实，含水量大，不易燃烧。除了树干、树叶的抗火特性，无论是树冠对火源的隔阻作用，还是因为木荷郁闭度高，树下难长杂草，上上下下都封死火路，是各项防火特性综合得分最高的植物。

木荷

红花荷

岭南常见乡土树种，适应力强，生长速度快，遮阴遮热能力强，郁闭度高，有助阻隔火势蔓延，已经成为防火带的主力树种。

红花荷

防火植物

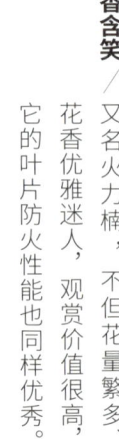

醉香含笑

醉香含笑 / 又名火力楠，不但花量繁多、花香优雅迷人，观赏价值很高，它的叶片防火性能也同样优秀。

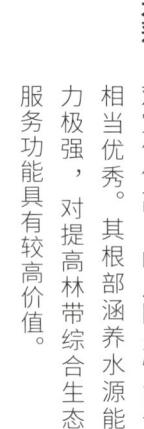

灰木莲

灰木莲 / 观赏价值高，叶片防火性能也相当优秀。其根部涵养水源能力极强，对提高林带综合生态服务功能具有较高价值。

乐昌含笑

乐昌含笑 / 又名南方白兰花，树形优美，枝叶翠绿，可在庭院中栽植，给人一种婀娜多姿之美。喜暖喜湿抗高温的特性又使其成为优秀的防火树种。

南山茶

铁冬青

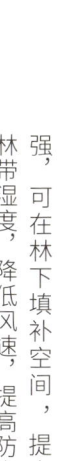

南山茶 / 是防火性能排行前列的乔木。能阻断热辐射、热气流和飞散火球的传播，同时降低风速、减少由火焰倾斜交叠引发的危险。

铁冬青 / 主流防火树种中排行前列的植物，其叶片较厚，含水率高，热值很低，火灾发生时不易起燃，种植成片防护林可有效阻燃森林大火。

九节 / 网脉山龙眼、九节等植物适应性强，可在林下填补空间，提高林带湿度，降低风速，提高防火效果。

九节

吸碳放氧和防治大气污染

广州地处南方经济中心，生产、生活类的二氧化碳排放量巨大，白云山紧邻市区，在林区内种植大量具有吸碳放氧、防治污染功能的树木，对改善景区生态以及城市空气质量有显著功效。

抗污染植物是指对各种大气污染具有较强抗性，或能吸收有毒气体、吸滞粉尘，或释放氧能力较强、能净化空气的植物。

白云山作为广州的"市肺"，创造了良好的呼吸环境，其中就离不开许多植物的"帮忙"。

来认识一下白云山的"空气清新剂"成员醉香含笑（火力楠）。

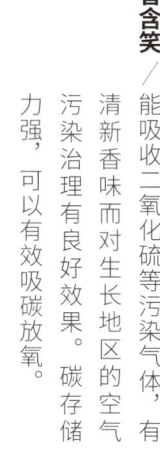

醉香含笑 / 能吸收二氧化硫等污染气体，有清新香味而对生长地区的空气污染治理有良好效果。碳存储力强，可以有效吸碳放氧。

醉香含笑

夹竹桃 / 可抗烟雾、抗灰尘、抗毒物和净化空气，其叶片对二氧化硫、二氧化碳、氟化氢、氯气等有害气体有较强的抵抗作用。

夹竹桃

净化空气

柏木

柏木／被誉为『百木之长』，枝叶能分泌杀菌素杀死肺结核、痢疾等病菌，而且吐纳氧气纯度最高，可稀释二氧化碳，净化空气。

麻楝

麻楝／不仅树形美丽大气，还是优秀的抗污染树种，落户众多城市，可有效对抗城市空气中的有害气体，释放氧气，净化空气环境。

净化空气

垂叶榕

垂叶榕 / 垂叶榕抗甲醛、甲苯、氨气等有害气体及烟尘能力极强。宜做行道树，兼具清洁空气、提供绿荫、形成景观等方面作用。

海南红豆

海南红豆 / 别称『万年青』，叶片厚、外表皮角质化、具蜡质层，有害气体难以进入，可以抗环境污染的同时释放大量氧气。

榕树

榕树 / 又称细叶榕，比地面吸尘力大70倍，对粉尘有吸附、过滤效果，释放氧气的同时，制造芬多精，增加空气中的负氧离子。

小可爱们的"植物粮仓"

一个完整有活力的生态系统，除了有种类繁盛的植被，一定还会有许多动物群落生活在其中，它们相济相生，共同生存。

在风景美丽的白云山林区，除了丰富植被，还有大量小型哺乳动物、鸟类和昆虫，共同构成了整个森林生态系统大家族。而这些可爱生灵的食物则来自许多植物"母亲"的馈赠。

春夏提供花蜜，秋冬提供各种壳斗科的果实，甚至美丽异木棉的种子、毛果杜英的果实，都是小动物们过冬的救荒粮。

柯

又被称为石栎,壳斗科植物,7—11月开花,次年同期果实成熟。果为单生坚果,常被小动物食用。其树形挺拔,果实不仅美观,还是松鼠们最爱的过冬粮。

柯

鳌萌锥

别称闽粤栲,广东境内数量较多,花期4—6月,当年10—12月果实成熟。果实为全包坚果,壳壁较厚,状似龙眼核,味道有轻微苦涩,因富含淀粉质,也是某些小动物的过冬食物。

鳌萌锥

山油柑

在广东被称为"山柑",花期4—8月,果期为同年的8—12月。山油柑果可入药,具有健脾消食的功效,果实成熟时可直接摘取生食,甘甜可口,清凉解渴。

山油柑

美丽异木棉

花谢后在次年春天3月左右结果，一个个果实倒挂在秃秃的枝杈上，甚为壮观。果实成熟后，厚厚的外皮自然脱落，一团白色的絮状物脱颖而出，悬挂在枝头，状如成熟开裂的棉花团，其种子也是松鼠们喜爱的零食。

美丽异木棉

山黄麻

常见于山坡林缘，花期3—6月，果期9—11月，结果后挂果多且时间长，丛丛挂于枝头，小巧玲珑，是林鸟很好的食物来源。

山黄麻

锥

俗名中华锥，在广东被叫作栲栗，花期5—7月，果次年9—11月成熟。中华锥果实外形似板栗，外壳呈圆球形，个头较小，但结果率很高。锥果是松鼠最喜欢吃的野果之一，往往成为松鼠们大量贮存的过冬粮。

锥

植物粮仓　第二章 耕山

铁冬青

花期4月，同年8—12月果实成熟时，硕果累累，红若丹珠，所以又被民间冠以"万子千红树"的美誉，寓意多子多孙、兴旺发达。铁冬青果实小巧鲜红，数量繁多，被鸟类所钟爱。

铁冬青

山乌桕

山乌桕果实成熟前为青绿色，随着秋冬的到来，果实慢慢成熟，颜色随之转变，露出内部三枚并生的白色种子。山乌桕果实是许多鸟类喜爱的过冬口粮，山乌桕、乌桕——相传也是因为乌鸦等鸟类喜食其果而得名。

山乌桕

毛果杜英

又称"长芒杜英"，花期3—4月，果期5—8月，因其果实带有柔毛而得名"毛果"。毛果杜英果实属于核果，打开果实可见其内部有一薄骨质内核，有不规则浅沟纹，为鸟类所喜爱。

毛果杜英

读山

第三章 读山

每一次山中行,
浅读有景,深读有意

——

四季有姹紫嫣红的花海,
有漫山青葱的山林,
有松涛阵阵,有鸟鸣声声;
有拥山抱城的大美,
也有于细微处俯身可得的小花小朵小生灵小感动。

一山无穷青绿，
能生四时姹紫嫣红

"青山半入城"、深受广州人喜爱的"市肺"，"山瞰城景，城观山色"的城中"生态绿洲"，作为自古与广州城风云与共的白云山风景名胜区，越来越体现其生态、经济价值。

自2002年被评定为"国家重点风景名胜区"，2009年获颁"全国文明风景旅游区"称号，2011年又被评为国家AAAAA级旅游景区，2023年1月获"白云山风景名胜区·城市生态氧吧"授牌，7月又获"全国自然教育基地"授牌，点点成绩，体现了白云山持续不断的调研、规划、保护、改造与提升所取得的成果。

从民国十八年（1929），广州国立中山大学第一任校长戴季陶，报呈当时的广东省国民革命政府批准，落实资金在白云山建立"国立中山大学第一模范林场"开始到今天，白云山在近一百年间，由马尾松、相思树的单一林分，通过科学论证和改造，发生了让人惊喜的巨大变化。

作为中国为数不多的、人口超千万的特大城市中的自然风景名胜区，之所以持之以恒地做林分改造、提升，目的除了增大林分密度、调整林分结构之外，在一定程度上，还能美化城市环境、改善周边小气候，最终形成独具生态和人文价值的标志景观，形成城市的绿色名片、提升城市形象，同时也拉升了周边的经济效益和生态效益。

从1995年开始，在白云山索道沿线、鸣泉居四围，植被面积2210亩的范围里，种上了红花羊蹄甲（红花紫荆）、宫粉羊蹄甲（宫粉紫荆）、黄槐、黧蒴锥、毛果杜英、马占相思、簕杜鹃等多个品种，添青增绿之中，也相应添加了花景观。

1996年，在五雷岭周边，植被面积6000亩的范围里，种了枫香、乐昌含笑、醉香含笑、木荷、落羽杉、鱼木、夹竹桃、凤凰木、垂枝红千层（串钱柳）、加勒比松等等多个品种，增加秋叶景观，也夯实了防火带的基础，同时也做了松涛景观迭代树种的测试。

1997年，在北环高速公路沿线、新广从公路沿线，植被面积8000亩的范围里，种上了降香（降香黄檀）、重阳木、鱼木、木油桐（千年桐）等等46个品种；1998年，在麓湖景区、摩星岭景区、明珠楼景区等地，植被面积8207亩范围内，种了红花荷、海南红豆、假苹婆、半枫荷、岭南槭等40多个品种……大量具有特殊人文价值的乡土植物，严丝合缝地嵌入了白云山的肌理当中。

今天你来羊城第一名山，1月梅花胜雪，2月、3月百花争艳——桃英缤纷、杜鹃漫山、郁金香成海，宫粉紫荆花满堤满路，木棉、火焰木花开似火，黄花风铃木、金莲木、鱼木花开明艳；4月、5月木荷、木油桐，琼花满树……直至12月，这里有全国最晚的秋，红花羊蹄思甲花色紫红，美丽异木棉花冠如粉霞，枫香、乌桕、山乌桕、楝叶吴萸、落羽杉，织出斑斓秋色。这里，花与叶，是五彩斑斓的，五彩斑斓的山林里，鸟与虫，也是五彩斑斓的。

你来，山中有五彩斑斓的大写意，也有生趣盎然的小品诗。你来品，来赏，来读。

四季之美

白/云/山

春

秋

五月木荷开满山／黄婆洞水库　夏

它是一座城的臂弯，是挡风雨的屏障，是岁月的宝盒，是四时鲜花长放、鸟啼不歇，是广州人心中最美的日升日落，是红尘中的无穷绿。

十二月枫香转红／麓湖聚芳园　冬

1月郁金香 云台花园

2月中国红樱 牛岭

1月山茶 山庄旅舍

2月桃花 桃花涧

12月铁冬青 山庄旅舍
12月落羽杉 黄婆洞
1月梅花 梅花谷
12月枫香 聚芳园

禾雀花小鸟般的春花

蕨上的雨珠

木蜡子的花簇

蔓九节向上生长

枫香的新叶　金毛狗的新叶
看麦娘的新叶　南酸枣的新叶

福建观音座莲的序列美

比蜻若虫跟叶子同色

黄杞的种子落在蕨上

春山万重绿

白云山上，那些美丽的精灵

自白云山对林分进行深化改造以来，生物群落越来越多姿多彩，山上鸟类的品种从一年最多能见不到60种，到近年已超过206种，白鹇、白鹭、池鹭、小䴉鹍、珠颈斑鸠……早已在白云山谱写恋曲、家族日趋庞大。连食量巨大的蛇雕、凤头鹰、红隼等等猛禽"居民"的数量也稳步增长，也印证了植物群落日渐立体多元的白云山，生态修复已取得了明显的成效。

待9月入秋，全球八大候鸟迁徙路线中的"东亚－澳大利亚迁徙线"中的猛禽大军，也爱把白云山当成迁徙途中的加油站、落脚点，多种鹰、雕、隼、鹗等等猛禽，都在白云山录得过境记录。连续数年在白云山监测过境猛禽的广州市自然观察协会，分别在白云山上的孖髻岭、龙虎岗、摩星岭、鸿鹄楼等观察点，录得每日超百只猛禽过境——"百猛日"的出现天数，呈每年稳步上升的趋势。在高度都市化的珠江三角洲，白云山是都市之心珍贵的一片绿洲，经过林分改造之后，植物群落的布局日臻完善，蜜源、可食植物增多，昆虫、两爬（两栖爬行类）动物等的种类和数量也同步增长，这泉水叮咚、山林幽深、食物充足的绿洲，自然而然会吸引越来越多的候鸟流连忘返。

除了规模喜人、每年亮相的猛禽迁徙大队，国家重点保护野生动物名录里的许多小可爱，近年来也常常回到白云山度假甚至定居：像白胸翡翠、画眉、红嘴相思鸟、斑头鸺鹠、黑喉噪鹛、褐翅鸦鹃等等已在白云山安居乐业，成为家中的"常住居民"；仙八色鸫、水雉、蓝喉歌鸲都有按时"回家"的稳定记录，黑脸琵鹭则曾在紧邻居民区的麓湖公园逗留多日，跟着湖中的常住居民——池鹭、白鹭一起"摸鱼"度日。

更多的常住居民——过千种的植物组成了白云山的绿色本底，其中，国家重点保护野生植物名录里的金毛狗、观音座莲、桫椤、水松、苏铁、罗汉松、鹅掌楸、降香、海南红豆、土沉香等都在白云山开枝散叶，当中的不少种类，规模让人惊喜，如金毛狗、观音座莲、桫椤这三种蕨，因山中的植被丰富，山体的储水能力增强，从岩缝渗出的甘美清澈泉水，汩汩汇成山中无数条滋养万物溪涧，湿润的溪谷，则是各种蕨类恣意生长的秘境，这三种国家重点保护野生植物名录里的蕨，便常常隐身在这些溪谷间。

对于蝴蝶而言，繁多的植物种类，意味着蜜源植物和寄主植物充足，利于繁衍生息，近年，色彩艳丽的大型凤蝶——裳凤蝶，也在白云山被发现。

这21.8平方千米的绿水青山，这滋养万物的福地和宝地，有太多的惊喜等我们去发现。

秤星树　山鸡椒　菖蒲

石斑木　金银花　三桠苦

> ## 因仙草
> 　　而千年传名

络石　栀子　黄牛木　土沉香

　　白云山因秦时方士郑安期采撷九节菖蒲仁济苍生而闻名；再因道医葛洪夫妇采药、炼丹而名济天下；郑安期驾鹤成仙许多年后，又因苏东坡倡议沿长满菖蒲的蒲涧，用竹子将经菖蒲杀菌后的甘泉引至城内，以救百姓之时疫再得名。这座长满疗愈身心的药草、得天地之灵的宝山，一草一木，都是广州人治愈系的灵丹。

因仙山
而万物有灵

（左页：左至右）国家重点保护野生植物：金毛狗、福建观音座莲、桫椤、降香、土沉香、鹅掌楸、海南红豆、水松、罗汉松。

（右页：左至右）市鸟画眉、省鸟白鹇，国家重点保护野生动物：斑头鸺鹠、白胸翡翠、裳凤蝶、亚历山大鹦鹉、唐鱼、厚嘴绿鸠、水雉。

咖啡透翅天蛾　　锯角蝶角蛉

斑丽翅蜻　　黑带食蚜蝇

长瓣草螽　　棉管螆

> # 因仙山
> # 而万物有灵

巴黎翠凤蝶　　统帅青凤蝶

黑翅红蝉　　网脉蜻

赤腹松鼠　　倭花鼠

　　像蜂鸟的飞蛾，像蝴蝶的蜻，像蜜蜂的蚜蝇，像草蜢的螽斯……像蜻蜓又不是蜻蜓，原来它是一种蛉……小可爱们可太会伪装自己了。

　　在白云山，最常见的松鼠是……为什么还会有红色的知了……各种好看的蝴蝶叫什么名字？欢迎加入白云山"十万个为什么"小分队。

鹗

截止至 2023 年 12 月，在白云山有观察记录的鸟类已达 206 种。

红嘴蓝鹊

① 红翅凤头鹃 ② 三宝鸟 ③ 普通鵟 ④ 黑枕黄鹂

白云山上，一场飞翔之约

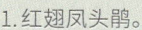

植物种类的立体多元，滋养出更为立体多元的生态系统，食蜜的，捕食昆虫的，狩猎两爬动物的……各种鸟类，越来越多地在白云山上安家。

来白云山游玩，请给一点时间给这些可爱的精灵，它们，会为你唱一首悦耳的自然之歌。

白云山植被群落的发展，影响着鸟类群落的发展。植被空间的分层变化，导致鸟类群落的空间结构也发生变化，鸟的种类也随之变化。

像明珠楼、白云松涛、黄婆洞水库等景点的疏林草地区，以城市鸟类如鹊鸲、白鹡鸰、乌鸫、树麻雀和长尾缝叶莺等栖息居多。

白云松涛、黄婆洞水库、五雷岭、明珠楼、松涛别院后山等人工针叶林区，则以爱在树冠层落脚、爱晒太阳的暗绿绣眼鸟、红耳鹎、白头鹎和大山雀为主，擅长空中捕食的发冠卷尾和棕背伯劳等狠角色也是针叶林的常客。

五雷岭南坡和黄婆洞水库主坝的山坡等地的针阔叶混交林区，结构更为复杂，淡眉雀鹛、栗背短脚鹎、棕颈钩嘴鹛、红嘴相思鸟、红嘴蓝鹊……阔叶林和人工林的典型鸟种，以及夏候鸟和冬候鸟，也有机会惊艳亮相。

白胸翡翠

仙八色鸫

蓝喉拟啄木鸟

普通翠鸟

叉尾太阳鸟

红胸啄花鸟

三宝鸟

铜蓝鹟

北红尾鸲

黄眉姬鹟

赤红山椒鸟

蓝喉太阳鸟

第四章 画山

一座云山,
一城人勾勒的心田

这座青山半入城的连绵山丘,
正因为集一城人的热爱,
一点点画出千重万重绿、千树万树红,
山虽不高,但处处有灵,处处有爱。

一山五园，青山半城白云绕

历经多年的建设，总面积达21.8平方千米的白云山，已发展成为人口过千万的特大城市广州都市核心圈中极为珍贵的国家AAAAA级旅游景区和国家级风景名胜区。

丰茂的植被，源源产出氧气、负离子和天然的芳香精气，滋养我们的肺腑；按时令布局的观花和观叶植物群落，又以百花之姹紫嫣红与霜叶之漫山红遍，滋养我们的心与眼；有护城两千年间的人文痕迹可追古，有或古拙或秀美或轻盈简洁的建筑可养眼，有隐于山林的暮鼓晨钟可听，有茶滑腻、汤甘醇的老广美食可尝。整个风景名胜区，有云台花园、麓湖公园、雕塑公园、云溪公园、云萝花园，5个风格各异但又美美与共的公园，你来，看山看水看花看云，看不完看不厌。

白云山云台景区内的云台花园，占地25万平方米，是一个四季可赏珍贵花木的园林式花园，新奇花卉的五色花海，全年无休地盛放，开放至今接待

过多位国家领导人及外宾。园内景点新颖别致,位于主轴线的飞瀑流彩,四时鲜花绚烂;水晶宫般遍植热带植物的玻璃温室,满溢热带风情;依偎花海畔的蝴蝶形湖泊——滟湖,四时湖光潋滟,如巨蝶流连花海;玫瑰园则四时以芬芳相送,见证过多少爱情之萌芽,直至开花结果;象征广州与各国城市间情谊的谊园,展现着各国城市赠送的礼物。花城以花为媒,在云台花园,你读懂爱情与友情。

环湖而建的麓湖公园,以湖光山色著称,园内林木苍翠,鸟语花香,亭榭桥廊点缀其中,"一山环秀水,半岭隐涛声"正是公园的生动写照。园中主角麓湖,安于一隅自成风景,雨季来临时,烟雾笼罩于湖水之上,烟波浩渺,雨水入湖荡出层层波纹,别有意境。秋冬时节,湖边落羽杉逐渐落红,层林尽染,丝毫不输北国秋色。

雕塑公园位于白云山飞鹅岭西侧,是广州市人民政府于1996年为隆重庆祝广州建城2210年建造的一个主题公园。雕塑公园是广州市唯一以雕塑为主题的公园,雕塑与园林相结合,风景秀丽,艺术性和观赏性皆具。

位于白云山西麓的云溪公园,作为华南国家植物园白云山迁地保护示范区,经过"一带融山水,两径引两庭"的提升设计与重新布局,目前的云溪公园占地面积达到了83公顷,打造出了一个山水、建筑、各项功能完美融合的绿色生态游憩空间。

云萝花园则是华南国家植物园"1+3+N"城园融合体系中部迁地保护示范区,以"植物科研、园林造景、植物文化、植物科普"4个脉络,打造千年花城园林园艺综合展示平台,建成之后,将成为独具云山特色的自然教育课堂和广州市自然教育课堂。

1 云台花园·玫瑰园

2 云台花园·飞瀑流彩

春光卧云台，
山间花色醉

3 云台花园·滟湖

4 云台花园·欧式罗马柱廊

5 云台花园·四季繁花

在四季常青的花城广州，有一座全年鲜花怒放、四季姹紫嫣红的花园——1995年建成开放的云台花园，可谓是花城鲜花密度最高的公园。

占地面积约25万平方米的云台花园，依白云山三台岭的山谷缓缓向下，汇集成满目缤纷的花之谷。

花谷各处景观，沿中轴上的花坛台地左右分布，沿花阶步步向上，到达公园中心的滟湖，湖水沿花阶形成涓涓跌水，流水与鲜花相映，形成流光溢彩的中心景观带。每年春节期间的郁金香花展，各色郁金香沿中轴的花阶盛开，蝶忙蜂闹，人流如织。

中轴右侧的山坡上，是占地1200平方米的玻璃温室，温室以仙人掌与多肉植物、兰科花卉，以及棕榈科植物等等，还原了一个袖珍而迷人的热带小森林。

从这个小森林穿出，沿山脊前行，沿路是四时鲜花不断的花树——2月的金花茶、山茶，3月的二乔玉兰，4月的粘叶豆、异色瓶子树，5月的荷花玉兰、槭叶火焰木……一路奇花异卉相伴。在中轴的终点，是种有上百种中外珍品玫瑰、月季品种的玫瑰园，花路蜿蜒至山间花廊，四时花开不断，加上有爱情、美丽这样爱好的花语加持，玫瑰园是游人最爱流连的热门景点。

在玫瑰园和原有的山体之间，有一棵树冠参

1—5. 一园汇聚东西方园林建筑精华，园内四季花开让人流连。

① 谊园·UCLG 纪念碑

② 谊园·来自世界各地的情谊

③ 谊园·苹果酒搬钵

④ 谊园·坦佩雷地标

⑤ 谊园·小羊肖恩

天的细叶榕古树，一股清溪从石涧绕古榕流下，水石榕、龟背竹、鸢尾、鸡蛋花、紫薇等等亲水花植围合而成的花溪，给云台花园增添了源自山林的灵动之气。

在玫瑰园西侧的山林下方，是依山而建的醉华苑，常有插花和艺术作品展出。醉华苑旁边，是展现广州与遍布世界各地的81座友好城市之间美好情谊的谊园。

各国友好城市赠送的礼物、种下的友谊树，遍布谊园各个角度——2001年和广州缔结友好城市的英国西南地区的最大城市——布里斯托尔，向羊城人赠送了小羊肖恩的雕塑，布里斯托尔是小羊肖恩系列动画的诞生地，可爱的小羊落户羊城，这礼物是送到羊城人的心坎上了。1995年立园之初，和广州已缔结友好城市7年之久的德国法兰克福市赠送了白底蓝花的苹果酒罐，这个高达两米半的玻璃钢雕塑也很有知名度。德国第五大城市、德国乃至欧洲重要的交通和金融中心法兰克福，其香肠与苹果酒同样闻名遐迩，餐厅门口往往挂有同款盛苹果酒的陶罐（Bembel，搬钵），似招呼着游人：Bembel已经冰好了，坐下来喝一杯清凉爽口的苹果酒啊！这种热爱美食、享受生活的安逸态度，是不是跟"得闲饮茶"的广州人，遥相呼应？

各座友好城市选送的城礼，都很好地反映了各自的风采——千里之遥的秘鲁阿雷基帕地处米斯蒂火山地带，人们以白色的火山石建造房子，阿雷基帕送的城礼，就是白色火山石雕刻的两头斗牛；"千湖之国"芬兰的坦佩雷市素有"世界桑拿之都"的美誉，奈西湖是坦佩雷最大的湖泊，在湖上能看到北欧著名的观光塔——奈西塔，坦佩雷送的城礼，就是湖光中的奈西塔……来一趟谊园，犹如展开一次爱与真诚的环球之旅。

谊园里，连一棵树、一方土都是有故事的：1996年亚太地区市长首脑会议代表合种了一株友谊树、广州市市花——木棉；2019年为纪念广州开展国际友好城市工作40周年，广州市市长在各友好城市市长共同见证之下，埋下象征友谊地久天长的时光容器，还有16年就可以开启了，你好奇里面装了什么吗？

这白云山山脚的云台花园，果然是爱情花常开，友谊花不败的花城大花园。

1—5.谊园是广州市重要外交窗口，园内遍布象征各国友谊的礼物。

云台花园，四时花色全年上画

云台花园
是展示优秀市政花植最直观的窗口，
一年四季，这里鲜花不断！

丛林与山麓，春秋生色，
　湖波共长天，日暮流光。

　　　　　　　麓湖公园

1 麓湖公园·春

2 麓湖公园·冬

青山接红尘，秀湖绕城央

白云山南麓的麓湖公园，占地205公顷，其中麓湖的水体面积为21公顷。1958年为根治白云山山洪引发的洪涝灾害而开挖的麓湖，以位居白云山南麓而得名，麓湖公园又以麓湖而得名。麓湖公园于1984年正式成立，目前有聚芳园、星海园、白云仙馆、广州云道、云山境界等等主要景点，是广州市中心城区兼具山、水、林景观，尤为珍贵的大型开放公园。它也是白云山风景名胜区历史最悠久、面积最大的城市公园。

从二十世纪五十年代，聚市民之力，挖湖筑堤，修桥建亭、植树造林，经数十年几代人的打造，作为城央罕有的天然山林、历史悠久的城市山水园林，麓湖公园的植被造景与自然和谐统一，树木郁葱，林花明艳，湖光潋滟。环湖开道、设亭，游人可亲水可观山可赏林。

原本泄洪用、常年污水满溢的麓湖，经过多轮整治、养护——利用芦苇、美人蕉、菖蒲、鸢尾等挺水植物，美化了湖面景观，这些具有过滤、吸附和分解杂质功能的挺水植物，和狐尾藻、黑藻、金鱼藻、苦草、菹草等等具有固封底泥、消耗水体营养盐、抑藻及增氧作用的沉水植物一起，使水质从原来的劣Ⅴ类，一路提升到Ⅳ类标准以上，湖水治理的成功，除了让公园成为广东省国土空间生态修复的标杆范例，也给麓湖公园的生态多样性，带来了肉眼可见的成效：经鸟类声纹采集器监测，测得麓湖公园共有129种鸟类驻足，其中水雉、棉凫、黑脸琵鹭……这些原本在城区难得一见的国家保护级水鸟，都在清澈的麓湖水波上留下倩影。

1 麓湖公园·宫粉紫荆花开

2 麓湖公园·落羽杉秋色

1.粉的白的宫粉紫荆、密麻麻的朳果花、新簇簇的大叶榕的新芽,云道穿行,每一步都走在春天里。2.入冬杉林红遍。3.鸿鹄楼落日。4.聚芳园之春,杜鹃满山。5.星海园为纪念伟大的人民音乐家冼星海而建。6.白云仙馆初为广州文人墨客雅集之地。

麓湖公园的植物景观遵循统一与变化、节奏与韵律的设计原理,景随时异,入春宫粉紫荆满树粉霞、杜鹃开满鸿鹄山岗,入夏凤凰木似火、荷与莲临水送香,深秋杉林、乌桕红叶黄叶交叠,入冬则美丽异木棉花如巨型粉伞,四季花如云似海,植物之美,与山峦和亭台、桥榭相照应,公园各景观,又以麓湖为线相串连,花与湖,湖与山、四时皆可入画。

从云道进入聚芳园,左侧经枫香林可步入鸿鹄山,枫香林下的草坪上,长着广州最老的那批美丽异木棉花树,它们在2022年因巨大的花伞成功出圈,20世纪杰出的作曲家、音乐教育家马思聪先生的塑像在园中与花树相伴。

鸿鹄山顶高24.5米的鸿鹄楼,是五层框架结构的中式楼阁,登顶纵览城央,一片青山、十顷碧湖、万亩山林接连入城,春日杜鹃成海,四季青绿无穷,果然如楼上这副对联"立雨立晴麓湖鸿鹄成双壁,扬风扬月珠水云山第一楼"所述,"珠江云山第一楼"之美名不虚传。

星海园位于麓湖西岸,是1985年为了纪念伟大的人民音乐家冼星海而建,园内建有冼星海之墓、冼星海纪念馆。龙柏、南洋杉……松柏环抱的星海园内冼星海墓为革命纪念建筑物、广州市重点文物保护单位,同时也是广州市青少年爱国主义教育基地之一。

占地2.5万平方米的白云仙馆,始建于清嘉庆年间,至今已历两百余年,清代文学大家黄培芳、梁维屏等都曾在此留下足音。

今天的麓湖公园,开放草坪供市民"躺坪"、规划自然观察径让孩子们亲近自然、制作科普标识系统为大家打开知识之窗,开放皮划艇、桨板项目供众人拥抱阳光拥抱自然……这样又绿又美,有历史又有活力的麓湖公园,你爱么?

3 鸿鹄楼落日

4 聚芳园杜鹃花海

5 星海园·冼星海雕像

6 麓湖公园·白云仙馆

名家巧于塑南国神韵
山间林下铸大地艺术

雕塑公园

129

❶ 《抗非典纪念组雕》

❷ 《羊柱》

凝固之舞蹈，
广州之神韵

③ 林荫大道

④ 春日云道

⑤ 湖光山色

白云山飞鹅岭怀抱之中、占地46万平方米的雕塑公园，是1996年为庆祝广州建城2210年而建造的主题公园，也是广州市目前唯一以雕塑为主题的公园。公园区域内原有地形地貌、山林植被最大程度地保存了下来，自然形成的连绵山体、郁郁葱葱的乡土植物，都给雕塑增添了自然的灵动之韵。

利用原来的山势，以乡土原生的乐昌含笑、毛果杜英、宫粉紫荆，以及已经很好地适应了广州气候、土壤的引种花植，如花开如金色雨点的腊肠树和花开如紫云满树的大花紫薇等等，营造出气质各异的游览线路。

被称为广州的"绿色史诗"、按照雕塑与园林、观赏与教育、艺术与历史相结合的原则而进行规划建设的雕塑公园，园内分为羊城史雕塑区、森林景区、中华史雕区、雕塑大观园等四个大区，主要景点有：华夏柱、古城辉煌、抗非典纪念广场、南洲风采、平衡小广场、雕塑展览馆、广州风情街等。

树木参天、鲜花长放，名家雕塑分布其间，步步皆沐自然与艺术之美：以花开热烈的木棉和簕杜鹃，烘托于抗非典纪念标志雕塑四周，带出花城广州的精气神；以四季常青的南洋杉、毛果杜英，使古城辉煌雕塑群更添庄严气象；由高山榕围合而成的广州风情街里，一组组由著名雕塑家万兆泉创作、体现西关风情的雕塑，显得生机盎然；18匹骏马奔腾的大型雕塑，则放置于宽阔的草坪之间，更显飞驰的力量与气势。

从公园的各个入口步入，都有风貌迥异的景观可赏：春天，从花果山上的云道穿过花如粉霞的宫粉紫荆花海，步入雕塑公园，此刻春山馥郁——阴香、乐昌含笑正在开放，杜鹃满坡、鸢尾结蕾，广东凉茶的主力——梅叶冬青如玉的花朵开满枝，红嘴蓝鹊、灰胸竹鸡、凤头鹰……满山常闻精灵们的鸣唱。

① 《古城辉煌》群雕

② 《崛起》

3 百米浮雕《南洲风采》
4 雕塑《九天九夜》
5 《解放广州纪念像》
6 大型雕塑《解放》

雕塑公园的正门入口，象征华夏五千年璀璨文明绵延不断的5根花岗岩巨石——著名雕塑家唐大禧的作品"华夏柱"倚天耸立，未入园，已领略到雕塑艺术所呈现的恢宏之美。除了体量上的大气磅礴，花岗岩巨柱镌刻的文字符号和图案浓缩了华夏文明生生不息的精神内核力量，更是值得细细回味。

从国史渐入到城史，《古城辉煌》整组群雕则反映秦统一岭南后、南越王赵佗在广州设郡建城，广州城延续2200多年的辉煌历史，从此揭开序章。整组群雕主要的创作灵感，取材于南越王墓出土的文物——古城上四武士肩负硕大的、象征封建强权的金印，金印刻着篆书"文帝行玺"，金印的原型，正是让考古学家确认南越王墓主人的身份是第二代国王赵眜的龙钮金印，它也是目前我国可见最早、秦汉时期最大的皇帝玺印；还有迄今唯一的错金铭文虎节，各种精美玉璧，都在《古城辉煌》群雕中得以再现。整组群雕从政治、经济、军事、文化四方面折射出两千多年前古城之辉煌，同时体现了各族人民共同开发建设岭南、促进多民族统一国家的形成和发展的宏大场景。

《南洲风采》采用广州的传统建材——红砂岩来创作百米长的浮雕，画面从秦汉以来广州作为我国海上贸易的最早口岸展开。以广州为起点，中国千帆竞发走向世界，形成两千年不竭的海上丝绸之路，一路走来，走出两千年欣欣向荣景象。

《抗非典纪念组雕》则以2003年"抗非"为题材，展现了中华民族之强大凝聚力，同样也体现了甘于奉献的"广州人精神"。

《平衡小广场》寓意广泛，一是自然界中的万物生态平衡，二是让我们从小养成保护环境、保护大自然就是保护我们人类生存这种观念。

广州风情街，摆放了万兆泉《广州百年风情》系列的21件雕塑作品，生动还原了十九世纪初西关人家衣、食、住、行的风情习俗，在榕荫下，形成一道幽远的时光隧道。

更多的雕塑珍品散布在广州雕塑公园的绿色山林中，30多位岭南雕塑名家的150多件雕塑珍品在山林中获得无穷的活力，而雕塑，又将一段段历史切片，用艺术的手段凝固在这白云山下的无穷青绿间，广州的历史，你可以在这里慢慢读，静静听。

1—6.园中的雕塑，有贯穿城史、大气巍峨的磅礴之作，也有直击心灵的唯美之作，收放之间，无处不是美的律动。

影山照水清幽园
晴时明艳雨含烟

云溪公园

第四章 画山

1 公用建筑与自然融为一体

2 一带融山水

山林作画幕，人力营自然

白云山西麓的云溪公园，位于广州生态绿核的核心区域，北接鸣泉居，西临国际会堂和白云国际会议中心，是国际会务片区的重要节点，也是广州展示生态文明建设的重要窗口。

云溪公园2001年10月正式对外开放。为配合华南国家植物园体系建设，为绿美广东生态建设规划奠定良好的生态基底，助力绿美保护地提升行动，云溪公园于2022年年中纳入"华南国家植物园——白云山迁地保护示范区"建设。经过提升建设，生态景观进行全面优化，园区基础配套设施也进一步完善。

目前，云溪公园的设计理念及整体布局为"一带融山水，两径引两庭"。"一带融山水"指的是云溪公园作为白云山西侧休闲带，将云溪的山水意蕴融入城市体系中，城与园有机融合；"两径引两庭"则指的是云溪公园的两条"径"——溪谷径、花香径，溪谷径的终点是云溪庭，花香径引出百花庭，每一径，都有惊喜。

改造后的云溪公园占地面积为83公顷，园区整体景观以自然山脉为曲轴线，通过"汇水流、退边界、显形象"来解决改造前"入园难见水、靠山难入山、临门不见园"的问题。"汇水流"——汇聚周边山体水流，补植秋色树种，令山水意蕴更具画意；"退边界"——回退围墙边界线，强化绿地向城市渗透，从地铁出入口即步入公园的风景线；"显形象"——设置了落地钢化玻璃加

1. 建筑用大面积的景窗和简洁的直线条，将自然引入室内，美好的建筑，果然"长"在大自然里。2. 作为华南国家植物园——白云山迁地保护示范区，云溪公园助力绿美广东生态建设。3-5. 自然景色与蜿蜒的溪涧，都为建筑加分。

①

②

仿木格栅设计的、兼具现代美学和功能性的游客服务中心，集功能性、观赏性、参与性于一身的入口广场，未入公园已有网红打卡点。

　　与山水相映成景的云溪庭、百花庭两处用现代设计语言诠释岭南园林意境之美的建筑群落，同时又兼备了与公园相配套的展览、自然教育、会议等多项功能，生态公园的本底，得到很好的延展。

　　整体景观提升上，注重植物搭配的生态性与观赏性，善用花量繁多或独具季节特色的植物：如岭南乡土花卉野牡丹——广州作为国内最早开展野牡丹科植物资源收集、研究与开发利用的地区之一，目前种质资源为全国第一；如铁冬青、池杉、落羽杉等秋冬叶、果红艳的秋色植物绕水而植，为溪谷增添一路映山映水的秋光。

　　清理杂藤、打开植物天窗、地表复绿，更富层次的水生植物，体现乡土植物之魅的碧道花植……通过地形整理、塑山理水、营造园林建筑、配置观赏植物等造景手法，通过植物造景同建筑风格设置，设施功能配套的巧妙搭配，打造出一个绿色、自然、生态的游憩空间。

1.搭配的艺术：花量繁多、独具特色的植物被安排得错落有致。2.建筑与山林隔空对话。3—5.融进自然里的空间，耐看。

第四章 画山

风景里的
自然学堂

云萝花园前身为广州花园（锣鼓坑片区），2022年7月份起被纳入华南国家植物园"1+3+N"城园融合体系中部迁地保护示范区，未来将从"植物科研、园林造景、植物文化、植物科普"四个脉络，打造千年花城园林园艺综合展示平台。

花园将植物知识和园林文化融合展示，打造9个植物展示区，保育各类植物资源等1500余种。在云萝花园形成簕杜鹃专类园——空中栈桥——芳香植物——水生植物——雨林植物——藤本植物——药用和食用植物——兰花——乡土植物等内容丰富独特的生态自然科普路径，建成云山特色自然教育课堂和广州市自然教育课堂。

1—4. 围绕景区的是一条长长的景观木栈道，从空中鸟瞰，中间供休憩的节点，如林中盛放的花朵。

141

霞光中的白云山

暮色中的麓湖公园

本书收录了众多机构和摄影师提供的精彩图片，在此表达感谢。

We would like to express our gratitude to the organizations and photographers who have provided wonderful images for this book.

文字作者：史丹妮　焦慧　莫尔多姿　翁琳　朱茵　姚烙雯　李茵楠　黄敏加　静萱

摄影作者：耳东尘　史丹妮　李朝东　谭兆武　吴宝玲　一帆　甄军　文芳　曾毅铭　Zinogre　张巍　鄢智勇

插画作者：柯冠华　邓海斐　麦紫然　李梓豪

排版设计：柯冠华　温日荧

● 青山半入城

读山、听史、观自然
白云山科普丛书

人文篇

千古事，一阕词

广州市白云山风景名胜区管理局 编

SPM 南方传媒 花城出版社

中国·广州

图书在版编目（CIP）数据

读山、听史、观自然：白云山科普丛书. 人文篇：千古事，一阕词 / 广州市白云山风景名胜区管理局编. -- 广州：花城出版社，2023.12
 ISBN 978-7-5749-0106-3

Ⅰ. ①读… Ⅱ. ①广… Ⅲ. ①白云山－文化－研究 Ⅳ. ①K928.3

中国国家版本馆CIP数据核字(2023)第220489号

出版人：张 懿
责任编辑：陈诗泳
责任校对：李道学
技术编辑：凌春梅
装帧设计：广州市耳文广告有限责任公司

书　　名	读山、听史、观自然——白云山科普丛书·人文篇：千古事，一阕词 DU SHAN, TING SHI, GUAN ZIRAN——BAIYUN SHAN KEPU CONGSHU RENWEN PIAN: QIANGU SHI, YI QUE CI
出版发行	花城出版社 （广州市环市东路水荫路11号）
经　　销	全国新华书店
印　　刷	佛山市迎高彩印有限公司 （佛山市顺德区陈村镇广隆工业区兴业七路9号）
开　　本	787毫米×1092毫米　16开
印　　张	8.5
字　　数	150,000字
版　　次	2023年12月第1版　2023年12月第1次印刷
定　　价	198.00元（全三册）

如发现印装质量问题，请直接与印刷厂联系调换。
购书热线：020-37604658　37602954
花城出版社网站：http://www.fcph.com.cn

读山、听史、观自然——白云山科普丛书·人文篇：千古事，一阕词

策　划：广州市白云山风景名胜区管理局
主　编：乔永慧　王昱
副主编：罗诚　刘友发　王爱军　潘志权　王晓莉
编　委：陈国樑　魏玲　曹毅　张希毓　汪张跃　李鹏　张曦
文字编辑：李宏强　林燕　殷亦佳　杨城　黄嘉聪　史丹妮　焦慧
　　　　　林丹　姿十四郎　翁琳　朱茵　梁倩
图片编辑：耳东尘　柯冠华　温日荧
美术编辑：广州市耳文广告有限责任公司

千古事，一阕词

曾有人在网上发问：白云山并不算雄奇险峻，凭什么能成为AAAAA景区呢？

若你来白云山只是走马观花，便只见到四季繁花似海、群山青葱，秋雨之后会有白云出岫，仲夏之暮常见红霞满天，早春便见杜鹃满坡，隆冬尚有霜叶染林，美，但是只美进你的眼，尚未入心入肺。

就两千岁的古城广州而言，白云山是护城的青绿臂弯，把视线放远放长，它是大庾岭支脉九连山的末梢，从江西逶迤而至，穿州过省，经过梅岭关隘，继续往南蜿蜒出海。当年人们翻山越岭，最后站在白云山上，山脚下沃土百里连绵，再往南，就是无垠海天。

都说从前广州城的格局，是"青山半入城，六脉皆通海"。这"青山半入城"，是老天爷赏饭，给古城广州，赏了一块护城的绿宝石；"六脉皆通海"就是广州人的人力之功劳，宋代连通全城的六脉渠水，竟多以白云山的山水为源，汇成大河，滋养全城。

晋以来的"衣冠南渡"，两千年未曾中断、跨海过洋的海上丝绸之路，文人、商人、工匠、军队，人们路过广州，爱上广州，留在广州，这座古城，历两千年的南北交汇、东西融合，打磨出了独一无二的美。

两千年交汇和融合的痕迹，在白云山上无处不在——《史记》里有名有姓的秦代方士郑安期来了，他成仙之后留下了众多足迹：郑仙岩、郑仙祠、蒲涧清溪。《世说新语》中让人莞尔的晋代英杰罗友来过，为白云山留下千年节庆——鳌头会（郑仙诞）。恃才傲物的唐初大诗人、诗圣杜甫的祖父杜审言登上白云山时，看到满山的乱石，啧啧称奇"悬危悉可惊"。大文豪苏东坡来了，为蒲涧濂泉打足了广告，他抵达的年代，白云山上还有老虎。自宋开始，见过了世面的南国才俊，又陆续返乡，他们在白云山上结社、办学，国子监祭酒、尚书、状元、探花……放着国师不做，上山教化乡民。时时对山对松吟风月，又常常议国议朝荐热血：南宋状元张镇孙殉国，南明探花陈子壮殉国……

两千年来，这是一座，有风月又有风骨的山；秦时仙道扬名，南朝佛寺始兴，明代书院林立……是神仙与佛祖的福地洞天，是文曲下凡、将星闪烁的星宿海；是古木千章的红尘不到处，又是时代鼓点激扬敲过的角斗场。

是的，它的故事，在山的一角、路的一旁，在亭台之中、石崖之下，散在时光里，烙在史册间，一座山的两千年故事，你要慢慢走，细细听。

所以，这样的白云山，入了你的心了吗？

P28

P36

P40

P46

CONTENTS
目 录

千古事
一阕词

读山、听史、观自然
白云山科普丛书
人文篇

第一章 云山岁月歌

一座山的千年缘起	10
云山旧事　云起云伏	14
两千年的城　云山相守	19
羊城八景之蒲涧濂泉	20
羊城八景之景泰僧归	22
羊城八景之白云晚望	24
秦晋时期之绿野仙踪	27
唐宋时期的傲世才气	31
明清时期之激越清歌	34
近现代之铁血战歌	38
当代云山闪光的足迹	42

P52

P56

P70

P82

第二章　云山草木魂

- 菖蒲：济世精神 …………… 51
- 梅花：傲霜吐芳 …………… 53
- 桃英：灼灼春正好 …………… 55
- 松柏：万年长青 …………… 57
- 榕树：护人凉荫 …………… 59
- 郁郁古树，
  云山上挺拔的歌者 …………… 61

第三章　云山觅诗文

- 摩星岭上　字字珠玉 …………… 67
- 云山上的镇山宝贝 …………… 69
- 石上歌谣　唱给岁月听 …………… 71
- 聆涛听泉　字字关情 …………… 73
- 碑是云山　安静故事书 …………… 75
- 云山界碑，
  触目城市时空之门 …………… 77
- 净地读句　岁月悠长 …………… 81
- 半山有亭，坐看云起，
  且读城且读山 …………… 82
- 云山诗意　字字关情 …………… 93

第四章　云山有憩园

云山上最大古刹
百年间传奇不断·能仁寺 ………… 101

浸润儒道
诗意和仙气·白云仙馆 ………… 103

文脉绵长之地，
滋养轻盈灵秀之筑·双溪别墅 ………… 105

千年因缘苏家山，
百年续传奇·山庄旅舍 ………… 107

讲述千年的
岭南文学长篇诗卷·白云寺 ………… 109

云山仙缘由此起，
仙人驾鹤处·郑仙祠 ………… 111

以乐符把炽爱，
献给这片土地 ………… 113

青山深处，
苏氏宗族的岭南情缘·苏家山 ………… 115

白云深处，山林与羊城禅林
的慈悲相承·祖师墓园 ………… 117

每有书写百年新气象者，
好让你我享福荫 ………… 119

第五章　云山俗世欢

千古事
一阕词

- 云山泉水，一城食脉 123
- 秋日高远，倾城人潮香火成云烟 127

中信广场
391 米
1997 年建成

广商中心大厦（在建）
预计 375 米

广州西塔（IFC- 广州国际金融中心）
440 米
2008 年建成

广州东塔（CTF- 周大福金融中心）
530 米
2014 年建成

广州塔
600 米

在白云山之巅，你看到高楼栉比，看到车水马龙，看到人流如织，你还看到，这座超级大城在一天天长高，一栋又一栋建筑，长得比摩星岭还高，但我们依然相信，在摘斗亭真的可以摘到星斗，在摩星岭真的可以抚摸星辰。唯这青绿云山之巅，你我能将此城的沧海桑田，一眼千年。

第一章
云山岁月歌

广州蒲涧寺

宋·苏轼

不用山僧导我前,自寻云外出山泉。
千章古木临无地,百尺飞涛泻漏天。
昔日菖蒲方士宅,后来薝卜祖师禅。
而今只有花含笑,笑道秦皇欲学仙。

云山岁月歌

望江南·广州好（节选）
当代·朱光

广州好，我问白云山。
南国擎天成砥柱，松林泉唱晚霞丹。
何日摘星还。

　　广东最大的山脉——九连山蜿蜒行至广州，形成秀美的白云山群峰。在千年古城广州，入城、接海，构筑出青山半入城的宜人格局。古城虽有两千年建城史，山却是脱胎于亿年前，经水与火的淬炼，再经时光的打磨，终成护城之青绿臂弯。

　　护一城四时温润，生半城养眼苍翠。

一座山的千年缘起

白云山的菖蒲

鲍姑井 晋代葛洪妻鲍姑投丹药救民众之井，相传在濂泉底。

蒲涧寺 传为宋代建寺。

蒲涧濂泉

秦代 方士**郑安期**采菖蒲救治苍生，曾住在**蒲涧濂泉**，得神谕发现九龙泉，采菖蒲时在郑仙岩坠崖而成仙。

菊坡亭 为纪念崔与之而建的菊坡亭，原址在蒲涧。
崔与之的《水调歌头·题剑阁》，前半阕写尽兵戎相接、生灵涂炭的战争之惨烈，后半阕则梦回家乡：梅岭绿阴青子，蒲涧清泉白石……处处是生命的静好。

九龙泉

南汉 始建**白云古寺**。

清代 张维屏等在九龙泉修建**南雅堂**，与众人唱酬结社。

历朝福建籍与广东籍官员常常相互异地为官，粤籍的**李昂英**就曾在福建汀州为官，而清代，汀州人**伊秉绶**则入粤为官，在白云山上留有珍贵墨宝。

明代 湛若水改寺为**白云书院**。

清代 张维屏、黄培芳等才子在**麓湖**造云泉山馆，**伊秉绶**题下《云泉山馆记》。

清初 重改为寺

郑仙岩

民国时期 重新修建白云古寺，中山大学校长**邹鲁**题寺名。

广州碑林 1994年开放，收集了历代名士、现代诗人、书法家歌颂岭南风光、歌颂羊城、赞美白云山的诗词、书法佳作近300块。

清代 汀州人**伊秉绶**，受责滞居广州时，叶廷勋已从贵为十三行四大行商之列告退，转身成为文艺老年，与伊多有来往，叶氏身故两年后，伊来拜谒、题表，嘉评叶氏：孝于家，勤于国，信于友……三百余字洋洋洒洒，墓表石碑现存于郑仙岩旁。

日军侵华期间 白云寺被毁，仅余山门及残墙。

九龙泉景区

叶廷勋墓表

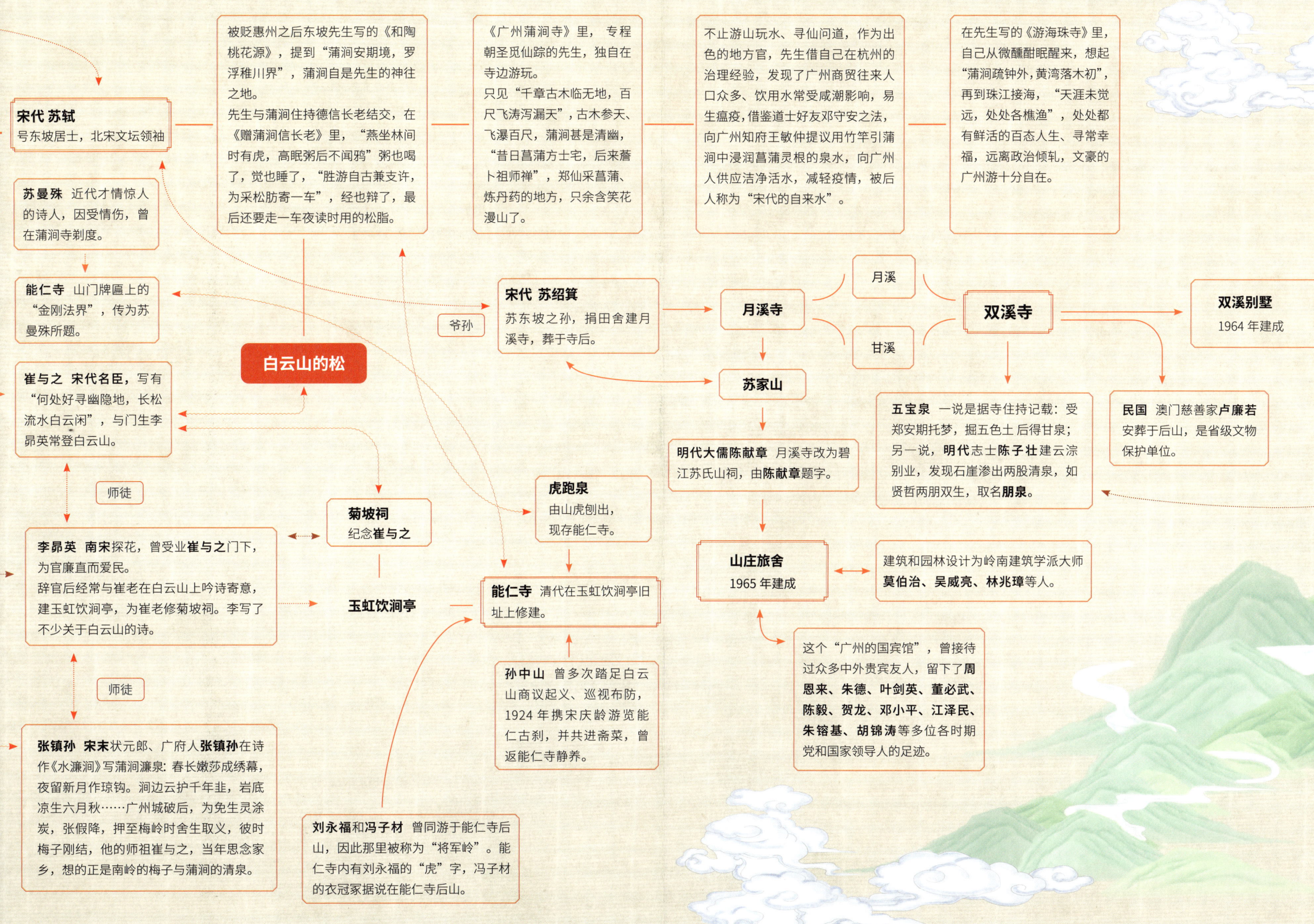

南北朝

南北朝时，主政广州的南朝梁，从国君到百姓，举国上下笃信佛教，在这样浓厚的崇佛氛围之下，景泰禅师从罗浮山来到广州，割茅盖庵、弘扬佛法。

禅师听闻白云山侧峰上常能见到七个仙人现身同游云山，便觅得仙址，创建了七仙寺（景泰寺的前身），定居在白云山上。自此，白云山上的"佛文化"气息日渐浓厚。

唐朝

唐时梅关古道开通，南北交流渐增，一批批来自中原的文人墨客或因卷入政治倾轧而流放岭南，或因立志纵情山水而流连边域，杜审言、宋之问、张说、沈佺期四位初唐著名诗人首先到达，在游览广州城时登上白云山赏景吟诗，接着南下登山吟哦的有著名文人如：韩愈、刘禹锡、李商隐、李群玉、王贞白，名相李德裕也来了，八仙之一吕洞宾也曾在白云山救护山上的松树。

北宋

进入宋朝，中国的经济与文化正是极为繁荣昌盛之际，南北交往更趋频繁，一大批达官与墨客也相继来到岭南重镇广州，在白云山上览胜抒怀。

被贬南下的苏轼，曾倡议引用白云山蒲涧水，以解城中百姓饮用水不洁问题，并在白云山上探寻仙人郑安期的旧痕，留下生动的诗篇，令白云山的名声得到进一步提升。苏轼去世后，登山的文人更是络绎不绝。

南宋

被誉为"音律媲美柳永"的南宋词人康与之，被贬至岭南时，在白云山聚龙冈建有顺庵，后因得宋高宗御书，在景泰云峰下刻嵒建御书阁。

南宋名贤崔与之力辞丞相之位，退职归隐，晚年常与门生李昴英一起登临白云山，并写下了不少诗句。这些文人的踪迹，也为白云山增添了更多的"文气"。

历代自宋开始，都评有"羊城八景"，白云山的"蒲涧濂泉"因郑安期仙人和九节菖蒲仙草的传说入选宋代八景。

元朝

元朝对儒士的压制，使得白云山的"文儒"氛围沉寂了下来，直到元朝末年，才有南海人孙蕡与王佐、李德、黄哲、赵介——这五人合称"南园五子"，在白云山白云寺侧筑白云山房与名士结社吟和。

后人认为"南园五子"的吟诵结社，是广州诗社雅集的始源。

元代的羊城八景，白云山有"白云晚望""蒲涧濂泉""景泰僧归"三景入选。

景泰寺

卓锡泉 景泰僧师杖击挖出，现有古井遗存。

梁武帝大同年间 **景泰僧师**因山中见七仙，建景泰寺，为白云山最早的寺庙。

白玉蟾 宋代道教南宗创始人。曾游白云山，所作《景泰晚眺》诗道：海岸孤绝处，晴沙露远汀……夕照雌黄笔，秋烟水墨屏，天空杉月冷，鹤梦几回醒。
诗中点明了当时在山上仍能望海，以及秋日烟霞如水墨泅开，暗含屈大均描写的云山秋霁，诗中还提到了山上的杉树和驮郑安期飞仙的鹤。

黄佐（号泰泉） 明代国子监祭酒、中山人。将几易其名的景泰寺改作**泰泉书院。**

元代 白云山景观中的**景泰僧归**与**白云晚望、蒲间濂泉**一起，占据"羊城八景"的八分之三。

接待过**周恩来、朱德、陈毅**等国家领导人

建筑和园林设计为岭南建筑大师**莫伯治、郑祖良、吴威亮**等人。

草木葱茏的白云山，曾经出露地面的泉水、溪涧却不多，卓锡泉和五宝泉的开挖都富神话色彩。而曾经雨季泛滥成灾的山水、雨水，现在被巧用地形而造的黄婆洞等大小水库和人工湖蓄存。

音乐

星海园 1983年，**冼星海**的骨灰回到祖国，麓湖辟园建造陵园。

聚芳园 2007年，马思聪魂归故里，园中有其塑像。

红巾军首领之一的**李文茂**，是当时人气很高的粤剧名伶。粤剧在两广及华侨社区极为流行，音乐很早就吸收了西洋乐器元素，使表演更为多元。

黄婆洞、牛栏冈

三元里抗英斗争中，广州民众痛击英军的主战场。

曾经是天地会红巾军与清兵交锋的战场。

云山旧事 云起云伏

先秦 - 秦

最先被白云山的灵气吸引来的是郑安期和浮丘公。郑安期南下广州后，在白云山采九节菖蒲救治百姓，最后郑在采菖蒲时坠崖骑鹤化仙，后人以"郑仙祠""郑仙诞"来纪念郑安期。

西汉刘向著的《列仙传》里说，浮丘公在东周时就已修道成仙。他南游至白云山时与郑安期为邻，曾在磨刀坑以五雷法术降伏蜈蚣妖，这便是白云山五雷岭和百足岗的由来。

东汉

东汉开国重臣伏波将军马援平定交趾部（今越南）之乱期间，曾在白云山的马鞍山驻军，每逢风雨交加之际，常听见有兵马之声，随声寻觅，在荒草堆中找到了西汉汉武时期越南中部日南郡的太守、广州人邓宓之墓，邓宓曾任交趾部武官，是当朝的清官名臣罗宏之得力助手，因除弊兴利，厚生惠民，而甚得民心。马援重修邓之墓地，犒赏其后人。马援率军平定交趾后，再次出征时因染疫而出师未捷身先死，最终兑现了自己"马革裹尸"之豪言。

三国 - 晋

三国时期交州刺史陆胤白云山山水入城，成为民众命之水。

东晋著名炼丹家和医药家葛洪，虽因战功被授伏波军，早已厌倦内乱不迭的葛洪选择了远离政治中心，南下找修道炼丹之地。在广州遇志趣相投的南海太守鲍靓，其女鲍姑。这一对修道仙侣中了白云山丰富的中草药资源曾在白云山上炼丹、著书。洪在修行过程中，留下了大炼丹、制药的经方验方，对国中医科学的发展起到了重的推进作用，至今仍发挥着价值。

同一时期，广州刺史罗友将每年七月廿五日郑仙飞升日定为鳌头会（郑仙诞）。

明朝

　　经历了元代文儒气氛的相对沉寂之后，大批文人纷纷重归山水间。

　　明代岭南大地儒学复兴，白云山上著名的寺庙——景泰寺、白云寺、月溪寺，由名动一时的黄佐、湛若水、黄衷等大儒进驻，禅院纷纷改为书院。

　　明末重臣陈子壮在双溪寺侧建"云淙别业"，复兴南园旧社的诗书气象，当时内忧外患，陈子壮联合陈邦彦、张家玉等起兵抗清，兵败后壮烈殉国。陈子壮所赏识的歌姬张二乔，也是有才情的忠义女子，死后魂归白云山麓梅花坳"百花冢"。

清朝

　　清朝时期，大量的文人、官员、武将都纷纷走上白云山，结伴游览，吟诗作对。其中，有道光年间的广东诗坛领袖张维屏，他在白云山九龙泉筑南雅堂。以诗、书法见称，有墨迹碑刻留于白云山的惠州太守伊秉绶便是南雅堂的座上客。

　　抗法名将刘永福、冯子材曾结伴同游白云山，留下将军山美名。

　　岭南名儒屈大均、陈恭尹、梁佩兰等人，都曾在白云山留下动人诗篇。

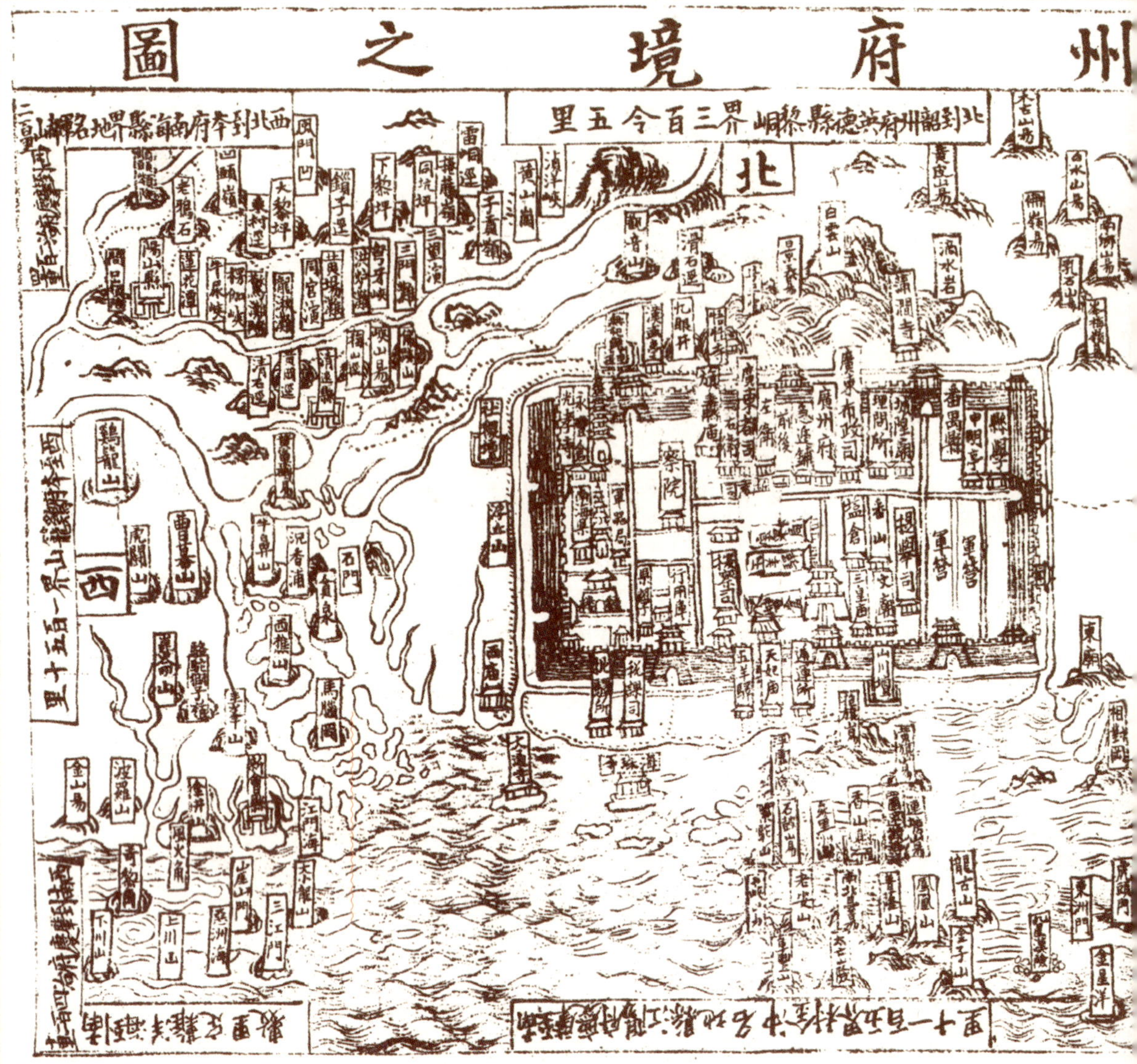
州府境之圖
北到韶州府英德縣黎峒界三百今五里
北
西
廣州府
廣東布政司
察院
番禺縣
軍營
鷄龍山
白雲山
滴水岩
東廟
東州門
金星洋

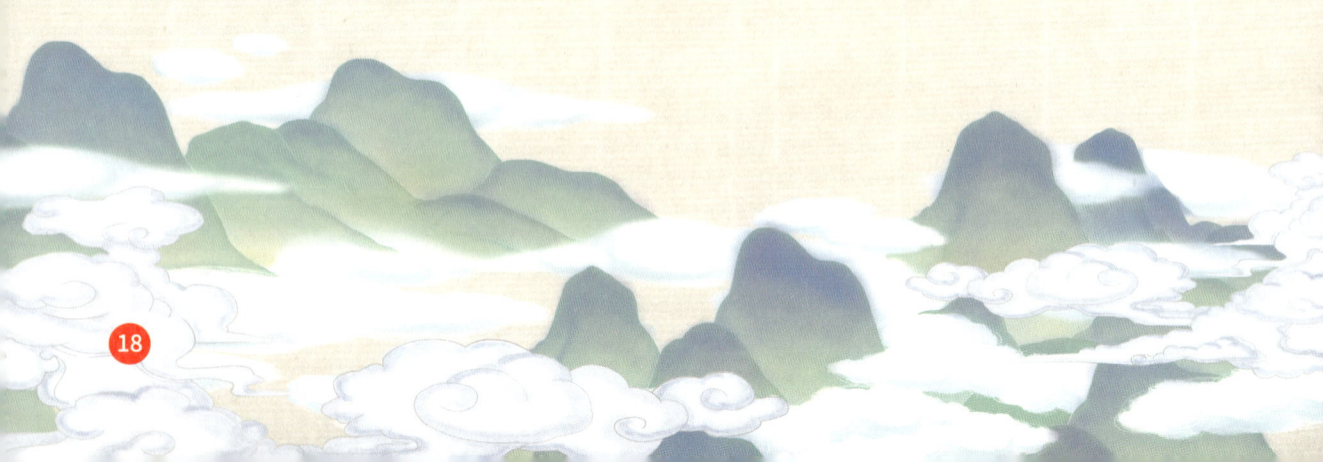

两千年的城 云山相守

○ 图注
明代《永乐大典》的广州府境之图，城池上方，正是白云山上著名的景点：滴水岩、蒲涧寺、景泰寺。

明代著名的中国古代典籍的集大成的资料性书籍——《永乐大典》中，广州城北倚白云山，南依江海，城虽不大，千余年来城址未变，踞山望海，气象万千。城北的白云山上，标有蒲涧寺、景泰寺、滴水岩等标志性景点明列其上。

从宋代开始，广州就有评选"羊城八景"的传统，白云山的蒲涧濂泉入列其中，元代时，景泰僧归和白云晚望也一同入选，一座白云山，三景入选。

明清两代，广州轮廓逐渐外扩，更注重城区发展，八景多选城中景点。但明清两代，上白云山赏玩和歌颂蒲涧濂泉、景泰僧归和白云晚望白云山各景的文人，不在少数，云山之美，早已烙入人心。

一座最高峰只有382米的山，到底有何魅力，在两千年间，留有如此多的人文痕迹，诗词歌赋需车载斗量，文人俊杰如星汉灿烂？

亿万年前，白云山这座从江西逶迤向海的大庾岭余脉，首先，是守护广州这座伟大城市的青绿臂弯，它温情一握，挡了寒流，挡了兵戎。对于秦之郑安期，宋之苏东坡，甚至是明代还乡的崔与之、李昴英、湛若水，或者是清代在白云山唱酬的粤东三子，白云山，何尝不是离尘不离城的心灵乌托邦。

这些才情杰出、笔墨恣意的才俊，在白云山上，说寻仙人和仙草，说听梵音与松涛，无非是在这红尘不到处，安放自己满胸襟的安邦情怀。

再则，白云山于广州民众，亦是一座有温情的山，郑安期为解民众时疫，采药坠崖仙去；苏东坡再三献策接白云山蒲涧之净水，以解民众无净水饮用之苦；陈子壮、黎遂球等等南园十二子，在白云山一面吟诵山水，一面早作准备，为护城而捐躯赴死；刘永福、冯子材在白云山眺望千岁古城，壮志不已；孙中山、周恩来、董必武、邓小平……一枚枚伟大之足迹烙在这座山上，而关于这座山的岁月之歌，一页一页，都是传奇。

蒲涧濂泉

羊城八景之 蒲涧濂泉

自宋代开始,广州便有评选羊城八景之例,宋、元两代,蒲涧濂泉皆榜上有名。

蒲涧濂泉声名鹊起,却远在宋之前。

蒲涧因涧中盛产菖蒲而得名,相传白云山开山祖——秦代方士郑安期曾居于此,在此采撷草药、炼丹制作仙方、救治饱受时疫之苦的广州百姓。蒲涧水从云岩(即郑仙岩)奔涌流下,春夏两季丰水季,涧水如水晶帘挂于岩壁,世人称之为"帘泉、濂泉",濂泉涧底,据传是晋代著名炼丹家、医药学家葛洪和妻子鲍姑修书、炼丹、制药之处。

相隔五六百年的郑安期和葛洪,一个千岁仙翁,一个小仙翁,两个同样仁心仁术的修道之人,都曾与白云山的这条涧水相连。

郑安期,又称安期生,是道教位列上清八真之一的神仙,与活到八百岁的彭祖地位相当,位分据说比过海的八仙还要高。他的事迹在多地都有流传,其人其事甚至被写进了《史记》。诗仙李白多

◎ 图注

左：清晖园满洲窗羊城八景之蒲涧濂泉。这是白云山最早入列羊城八景的重要景观，得名于郑安期在白云山采摘的仙草菖蒲而得名，也是大文豪苏东坡魂牵梦萦的挂念。

无处不在的马尾松古树，应该就是苏翁笔下的"千章古木"，山幽见古树，飞瀑生仙草，长满菖蒲的蒲涧，是白云山最本初的迷人气象。

右：①东坡引水处，相传时任广州太守的王敏仲受苏东坡的启发，将蒲涧之水，引至城内，以解时疫之困。②蒲涧因菖蒲而得名。

次提到安期生，还夸口说自己"亲见安期公，食枣大如瓜"。

自郑安期在白云蒲涧因采九节菖蒲仙草而坠崖升仙，蒲涧濂泉便在全国扬名。到了唐代，原郑安期炼丹处修建了蒲涧寺，李白之后的唐代诗人李群玉，特意探访过蒲涧，比慕名拜访的苏东坡早了两百多年。

苏东坡熟门熟路地自己去找蒲涧，在《广州蒲涧寺》一诗中形容蒲涧是"千章古木临无地，百尺飞涛泻漏天"的绝幽地，大文豪在《赠蒲涧信长老》说自己在蒲涧寺里，向德信长老讨粥喝，吃饱伴着林中的虎啸和鸦啼，睡得酣畅淋漓，走的时候还讨走一车松脂。

广州知州王古（字敏仲），为苏东坡接风洗尘，东坡到惠州后，接连写了三封信给敏仲（《与王敏仲八首》），怀着无比的热忱，分享了自己在杭州任上的抗疫心得：第一封，写自己的道士朋友邓守安，很实干也颇懂工程，了解广州的瘴疠多由饮水不洁引发，建议可以从蒲涧流经的滴水岩下，用石槽接水，再驳接万竿大筋竹连绵二十里引入城中的石槽中，再分几路，最后甘美洁净的蒲涧水引至城中各方，万民可分甘。这封信甚至连施工费用、竹子的存储都考虑周详；再后又补信两封，一封补充竹竿实惠而便捷的检修之法，另一封则提供抗疫的实用验方，以及设病人集中救治的病坊，阻抗时疫传播、提高救治效率，堪称宋版的"自来水"和"方舱"。

其实，自三国开始，就有交州刺史陆胤引滴水岩的甘溪水入城，供居民饮用；到了唐代，广州刺史卢钧令人修筑堤坝、疏浚甘溪，堤上广植木棉、刺桐，开花时遍堤似火。蒲涧流出的甘溪水，造福广州人已久，但苏东坡的建议，确实能使城区用水更为洁净。

从三国时便能引溪成湖，可见蒲涧之水，水量曾何等丰沛，东坡之后，各朝文人写蒲涧的诗文，不计其数。宋代李昴英《蒲涧和东坡韵》形容"绝顶飞来一脉泉"，李的门生、与文天祥一样成仁取义的宋朝末代状元张镇孙曾写有《水濂洞》诗道："岩峣仙境倚层丘，百尺泠泠瀑素流。"巧的是李昴英的老师、广州大儒崔与之写自己的思乡之情，就写道"梅岭绿阴青子，蒲涧清泉白石……烽火平安夜，归梦到家山。"蒲涧濂泉，在各朝文人墨客心中，是养人双目的美景，也是代代相传、滋养身心的一掬甘泉。

900年后的今天，"东坡引水"的碑文与东坡像伫立蒲涧旁，而广州人早已喝上洁净安全的自来水，回溯这曾滋养过广州人的蒲涧水，至今仍有暖暖人情味。

景泰僧归

羊城八景之 景泰僧归

元代入选羊城八景的"景泰僧归",明代进士郑懋纬有过诗意描画:"山寺净松筠,藤萝蔓径路。云深僧始归,长啸空林暮。"暮色渐起,景泰寺的僧人三两踏上蜿蜒山径,山寺被青松翠竹笼罩。

景泰寺是白云山上历史最为悠久的寺院,最早的历史,可上溯至南朝梁武帝年间。梁武帝信佛,"南朝四百八十寺,多少楼台烟雨中",举国上下佛寺林立。

清代仇巨川所著的《羊城古钞》记载,白云山上的第一僧——景泰禅师,无人知来路,但修为很深,梁武帝之孙、广州刺史萧誉,经常找他辩经论道,禅师早上来的,晚上就能回到罗浮山安歇。景泰禅师平日弘法,常有龙虎猛兽来听,

◎ 图注

左：清晖园满洲窗羊城八景之景泰僧归。明代高僧天然禅师的弟子释今严，曾探访过景泰寺，先是提景泰寺的历史"地辟萧梁代，幢标南汉年"，再提景泰寺的清幽"宴坐消长昼，清言入暝烟"，说到豁然开朗处，"一饱杖头泉"。虽清初林木被伐，但寺前的残碑却证实，到光绪年间，树木又初见规模。今天，寺院早已不存，锡杖点化的泉水倒还在。

右：①景泰寺遗址前，清光绪年间立的禁止砍伐寺内树木的石碑。②景泰寺遗址上残存的柱础。③遗留在路边镌有寺名的石鼓。④卓锡泉仍存，当年饱饮此泉的高僧早已飞登极乐。

世人都尊他为圣僧。

禅师所住的罗浮山顶人迹罕至，有一小池常漂有蔬叶，禅师断定水池与闹市相通，投书入池，竟在广州城区王家院落的池中找到。王氏宅第后来建起了王园寺，也就是岭南四大丛林之首——光孝寺的前身。

当时白云山林茂而未见溪涧，禅师认为，林丰草茂必定是山中有水，只是未曾外露罢了，到了白云山的一处侧峰，乡人说常在此处见到七位仙人。禅师顿锡杖入地，顷刻清泉源源不竭涌出。这口"卓锡泉"，至今未曾湮灭，而泉水冲刷成的深坑，后来被称为"景泰坑"。

禅师在七仙峰始建的寺庙，初叫七仙寺，禅师圆寂后，为了纪念他，寺名改成景泰寺。

景泰寺的景色如何？

同是南宋人，同是七月廿五登山过郑仙诞，诗人杨万里写道"景泰上方半堵壁，城中望之雪山白。却从景泰望城中，晓日楼台焕金碧"，蒲涧看看飞瀑，景泰寺看看落日，与万民同喜；想找修行净地的仙家白玉蟾，却嫌人头攒动过于嘈杂，在《景泰晚眺》一诗里写道："海岸孤绝处，晴沙露远汀。潮花人鬓白，山色佛头青。夕照雌黄笔，秋烟水墨屏。天空杉月冷，鹤梦几回醒。"在景泰寺，入世的，能望到金碧辉煌的满城楼台；出尘的，能看到远远的、宁静的海岸，杨先生想着粥和酒，白先生念着鹤梦不知醒了几回。

常在白云山淹留的李昴英，写景泰寺的夕照是"远鸦追夕照，低雁压西风。瀑势雷虚壑，松声浪半空"，很静又很吵，心欲静而风不止，彼时宋王朝已进入倒计时。

到了明代，兴儒贬佛，景泰寺一度被明代的黄佐改作泰泉书院。黄佐任国子监祭酒（主管学务），和同朝的王守仁（阳明）同为少詹事，辅佐太子。

黄佐在白云山，创作过大量诗词歌赋，梵音钟声，便一度被琅琅读书声所淹没。再到清朝初期，清王爷尚可喜在白云山一带物色地方造兵工厂，见到景泰坑一带泉流丰沛，林木苍郁，地形隐蔽，便选择此地为厂址铸炮，附近树木被砍伐殆尽，泉源枯竭，山空寺破，再加上日军的炮火摧残，僧归画面从此消散。唯留下景泰坑、麓景路、景泰新村等岁月中的草蛇灰线，以及诗词中的松涛与夕照，种种的美都留在了时光中。

羊城八景之 白云晚望

往白云山山顶公园，登上晚望亭，极目远眺，山下高楼栉比、车流如织，这里便是元朝入选羊城八景的"白云晚望"，至今仍是老广们守望千里落霞飞舞、万家华灯初上的首选之地。

晚望亭上有一联："纵览长云，真觉夕阳无限好；迟瞻高树，方知倦鸟有余情。"为著名诗人、文史专家徐续所撰，中国书法家协会副主席陈永正所书。此处开阔，朝可观白云翻飞，夕可赏霞光流转，天高城阔，尽入眼帘，日落月升时，待城内灯火逐渐亮起，有如宇宙繁星，灿烂辉煌。

白云山最高峰——摩星岭上，更有360°夕照景观，东边日出西边飞霞，朝夕可观日出东方、日落西山、月光弥漫、星汉璀璨。

◎ 图注

左：清晖园满洲窗羊城八景之白云晚望。由能仁寺拾阶而上，登上高台，就是白云晚望。

右：①回望城央，2000 岁的花城东侧，高楼鳞次栉比。1000 年前，东边人烟稀少，汪洋在望，登高所望的，不只是满城的绮丽晚霞，还有那一城的沧海桑田。

②除了白云晚望，白云山最高峰——摩星岭，也是极热门的观落霞地点。

自古在白云山可追夕照的地方很多，比如说在景泰寺——清代的鉴传和尚看到"樵语喧林薄，僧归乱鹿群。暮钟时送晚，万壑已斜曛"，樵夫、鹿群、归僧，镜头拉远，晚钟敲响，群峰笼罩斜阳下；又有清代诗人陈璧光写道："日落松荫分外青，山僧归去寺门扃。钟声远度平林静，试听摩诃般若经。"日落时松林光线渐暗，变成水墨般的青黛色，只见僧归、闭门、钟响、山林恢复平静，长镜头结束，寺门传出晚颂声声；同是清代诗人，陈世熙看到了同款日落时分，"一路翠微深，夕阳上山背。日落众山静，天末凉风至"，一样的青山深黛，夕阳落山背，一样的山林安静。

有人在蒲涧寺遇上夕照，清代粤籍诗人冯锡镛看到的是雨后的瑰丽晚霞："四面绿阴清暑地，一帘红雨夕阳天"，同样在夏天的蒲涧寺，同样是清代粤籍的诗人刘熊，遇上了雨后的夕阳，此刻，晚钟敲响："夕阳新霁后，禅院晚钟清。"

白云寺的夕照同样让人沉醉，清人梁信芳饱食一顿斋饭后，看见"夕阳人影稀，幽岩泻云瀑"，云山自美；明末清初善击剑的诗人张穆在白云寺住了一晚，暮色里，他"倚槛看云海，层城隔夕晖"，善击剑的他消失在历史洪流中，但隔着夕晖的城，今天，越来越宏大，越来越壮丽。

明代名儒黄佐在景泰旧址兴办泰泉书院，其门生欧大任、梁有誉、黎民表、吴旦、李时行皆有文名，时称"南园后五子"，黎民表三兄弟都跟着黄佐在白云山上习文论道，幼弟黎民怀写白云晚望："仙山多白云，渺与天汉接。何当持赠人，秋风同一叶。"秋色与秋风由一叶抵达，广角的白云接青山，特写的一叶知秋，白云晚望的美，在大开大合的无际城、云、山，也在心灵放空之后的一叶，一人。

第一章 云山岁月歌

秦晋时期之绿野仙踪

从公元前216年,任嚣、赵佗率领秦军征服了百越各部落。沿着大庾岭和骑田岭挥军南下的秦军,背倚白云山的余脉——越秀山,建立了广州城的雏形——任嚣城,古城广州便如破土的幼芽,在这片山海相接的土壤上,生长了两千多年。

当年的任嚣城——广州城在哪?

那个时候,海水尚未后退,在秦后的四五百年间,有一个海岸线后移的证据,被保留到了今天——晋代的坡山古渡,这个渡口,给出了大海的撤退路线,从晋代到现在的1000多年间,大海往南退了一千多米,海退岸现,原来咸淡水交替的近海区域,由海变江,广州一点点长大。

一位《史记》上都曾有留名的传奇人物,抵达广州。

《史记·乐毅传》说他的师承:……乐臣公学黄帝、老子,其本师号曰河上丈人,不知其所出。河上丈人教安期生,安期生教毛翕公,毛翕公教乐瑕公,乐瑕公教乐臣公,乐臣公教盖公。盖公教于齐高密、胶西,为曹相国师——汉朝重臣曹参相国的老师盖公,还只是安期生的徒子徒孙,这位郑安期——安期生的道行深不可测。

其中还提到:"……臣(汉武帝很尊重的方士李少君)尝游海上,见安期生,安期生食巨枣,大如瓜。安期生仙者,通蓬莱中,合则见人,不合则隐。"……"李少君病死。天子以为化去不死,而使黄锤史宽舒受其方。求蓬莱安期生莫能得……"中间人李少君率先仙去,汉武帝与安期生,终是缘悭一面。

◎ 图注

秦代南海郡尉任嚣,倚白云山脚、接汪洋之滨,建起的这座"任嚣城",就是2000岁的广州城最早的雏形。

①

②

③

图注

①相传秦代方士就是从这块巨岩上驾鹤飞仙的。②杰出医家葛洪的妻子鲍姑,最擅长用艾治病。③山涧滋养的菖蒲,为白云山引来众多方士、医家。④鲍姑在广州的另一处道场——三元宫古观。⑤五仙观旁的仙人拇迹留有晋代广州的海岸痕迹。

清代"岭南三大家"的陈恭尹,受邀为郑仙岩重修题记,《安期岩重修记》中,一开头就自豪地说:司马迁等人写的书里,都只是提到郑安期出海上,但说不出具体的地点,然而在我们的白云山上,他的痕迹无处不在……

在很长的一段时间里,郑安期在白云山上采药修身、济世,最后在云岩采菖蒲时坠崖驾鹤仙去。郑仙在白云山留有痕迹:郑仙岩、蒲涧、九龙泉、郑仙祠,甚至后世的五宝泉,据传也是受郑仙指引而掘得。郑仙遗迹已经湮没的则有蒲涧寺、白云寺等等。山不在高,有了郑仙加持,白云山便有了仙气,时隔千年,吸引大文豪苏东坡专程到白云山探古寻仙。

晋代广州刺史罗友,将每年七月廿五日郑仙飞升日,定为鳌头会(郑仙诞),这一天,万人空巷,大家都要上山拜郑仙,采菖蒲,浴灵泉,求夙愿,历朝历代都相当热闹、隆重。罗友这个生卒年皆不详、在《世说新语》里表现得率性、有趣的任诞人物,却为白云山留下了一段延续千年的美好记忆。

白云山不止有郑安期一个神仙,相传仙人浮丘公就在白云山为乡人击杀作恶的蜈蚣精。蜈蚣精被浮丘公以五雷击杀,化作百足岗;浮丘公施法的地方,被叫作五雷岭;蜈蚣精死时吐出的明珠,化作明珠石,乡人后来建有明珠楼纪念浮丘公的恩德。

魏晋时期,中原时局不稳,连年征战,地偏一隅的岭南则免受战争侵扰,白云山成了广州城的世外桃源。这个时期,白云山引来一名对中国乃至全世界,都影响深远的道医——葛洪,他在广州遇上了赏识自己的南海郡守鲍靓,与其女鲍姑结为道侣。两人在白云山修道、炼丹,并开始立书传道,著有《抱朴子》《金匮药方》《肘后备急方》等影响深远的鸿篇巨制。一千多年后,《肘后备急方》启发了诺贝尔医学奖获得者屠呦呦拯救了数百万人的生命。

晋之后的南朝梁,白云山走进了一位能通鬼神的高僧——景泰僧,他驻锡杖得清泉,开启了云山佛门的绵绵香火。

道不完的云山仙踪,林幽云深岁月长,我们慢慢在山上求索。

唐宋时期的傲世才气

第一章 云山岁月歌

初唐名相房玄龄这样形容广州：广州靠山接海，盛产奇珍异宝，一箱珍宝够几辈子吃喝，就是瘴气盛行，时有瘟疫……千里之外的广州，可慕也可怖。

盛唐名相、粤北籍的张九龄为广东打通了大庾岭路（梅关古道），中原和广东的联系变得更加紧密。在这条接通南北的"古代高速公路"上，晋代开始，时断时续的士大夫避灾南迁的"衣冠南渡"队伍中，多了另一批成员——被贬的文官。

唐宋是中国古代诗歌的黄金时代，在严苛科举以锦绣文章胜出的文人，却每每在权力倾轧中狼狈落败，他们中的许多人被贬至帝国最边远的地方——岭南，经受跋涉、瘟疫之苦，却给岭南带来了文化层面的新风气——诗圣杜甫的祖父、初唐著名诗人杜审言被发配去越南（当时属岭南地界），返程时在白云山上写下那首《南海乱石山》：（山上的石头）"悬危悉可惊"，（看山）"上耸忽如飞"，鹳（鹭）巢、猿群，（云烟袅绕、山林郁葱）"穹崇雾雨蓄"，当日之云山，极富原生态之美。

宋代大文豪苏东坡被贬惠州及儋州时，皆在广州逗留，登上白云山，拜访了神往已久的仙道郑安期留下的仙迹。和旷达的诗仙李白每每口称自己亲身见过郑仙人相比，东坡先生既懂浪漫，又随性实干，他跟蒲涧寺的方丈德信和尚结交，在白云山穿林、觅泉、观瀑，挂着杜审言孙儿杜甫同款的桃竹，去找郑仙同款的如瓜般大的甜枣……回到惠州，回忆起自己的观察，又和自己信任的工匠讨论了引蒲涧之水，解广州时疫的具体解决方案。今天，你沿蒲涧溯溪而行，边听清溪之淙淙，再想先生之温情，人也可爱、山也可爱。

◎ 图注

唐代开始，广州与中原的来往更为频繁，到了宋代，城中疏通六脉渠，各渠可通船，内相通、外接海，交通四通八达。

而从白云山滴水岩流下的由涧水汇聚而成的甘溪，几乎与所有水道相通。甘溪曲折而南，至越秀山下小北门处分为东西两支流入市区：西支流经大石街入古西湖（今华宁里和教育路一带），再南流入珠江；东支流沿今仓边路南下长塘街，注入清水濠出珠江，再投奔大海。

31

⑤

不只是杜、苏二人，韩愈、刘禹锡、李商隐、李群玉、杨万里、刘克庄、方信儒……唐宋时期，登上白云山抒怀胸臆的知名文人，多不胜数。

唐宋时期，也是从前白云山的高光时刻，白云山三胜景——三座当年最为著名的寺庙始建或复建：唐宝历二年，在郑仙人旧居遗址上修造了蒲涧寺，寺庙由光孝寺住持大德兼管；南朝时由景泰僧兴建的七仙寺旧址上，僧人智严在宋天禧年间又创建了景泰寺；白云山位置最高的白云寺，也已落成。

此刻云山，释家的香火正盛，道家的仙风仍炽——南宋金丹派南宗创始人白玉蟾，曾在白云山寻觅修道的清静地，被参加郑仙诞的汹涌人潮震撼，最终放弃；而儒家之墨香正徐徐而来。

在宋代，岭南儒宗、南宋重臣崔与之和他的探花门生李昴英在白云山留下了今人仍津津乐道的足迹：玉虹饮涧亭、小隐轩，崔与之也终于得以看到家乡广州让他魂牵的蒲涧菖蒲。

宋、元两代，白云山上的蒲涧濂泉、景泰僧归、白云晚望陆续入列"羊城八景"，上山朝圣者日众。

仙山白云，有了浓浓的香气，时光的香气。

◎ 图注

①杜甫的祖父杜审言被贬岭南时，曾登上白云山，当年乱石满山，杜爷爷笔下"上耸忽如飞，下临仍欲坠"的乱石，现在长满了葱茏草木。②苏东坡后人苏绍箕置下这一方景观绝佳的山林，作为苏氏一族身后的栖身净土。③苏东坡与李昴英都提到过的"千章古木"，早殒没于岁月中，所幸新一轮的大树已渐参天。④从滴水岩汇集而成的甘溪，为白云山更添灵动，也为千年古城提供源源不绝的滋养。⑤蒲涧寺的住持曾由光孝寺住持兼任。

明清时期之激越清歌

宋代探花、吏部侍郎、晚年在白云山隐居的李昴英，在《重修〈南海志〉序》里，表露出对家乡的深厚情感，他说：广州向来以富庶闻名，近年渐失锋芒，然而习文的风气，却是越来越盛行了，无论是蕉田、槟榔林密布的农墟，还是养牡蛎和螃蟹的水乡，学堂广为分布，人们不惜耗重金培育子弟，每年科举登第的人数，基本与中原持平……

明清两代，仅是白云山一地，书香墨香之浓郁，就十分让人惊艳。

元末明初，文学造诣堪与高启为首的"吴中四杰"比肩的"南园五子"——孙蕡、王佐、黄哲、李德、赵介，这五人以才思敏捷的孙蕡为首，时人赞孙蕡为"岭南明诗之首"。孙蕡在京任官期间，颇得被朱元璋称为"开国文臣之首"的宋濂赏识，宋认为孙的谈吐、仪容极为得体，非自己可比。

除了在南园（为文德路上，旧时的一座著名园林）结社，在白云寺旧址旁，孙蕡建有白云山房，南园五子也常去白云山房作诗结

◎ 图注

图为1770年（乾隆三十五年）由欧洲人绘制的广州城鸟瞰图，较为准确地重现了广州城——北山南水的城市布局。自1757年开始的"一口通商"政策，给广州带来了空前的发展机遇。到1820年，广州已然成为世界最大、最重要的港口之一。

城北的白云山自成屏障，展开臂膀将古城环抱，珠江上千帆竞渡，半城青山半城江，一派宁静富足的景象。

社，佳作频出，颇开岭南文风。孙蕡受蓝玉案牵连殒命后，白云山房日渐颓败，又过了一个世纪，山房新主人的名字更为耀目——明代吏、礼、兵三部尚书湛若水。

增城人湛若水是明代大儒陈献章（白沙先生）的得意门生，历年以开设书院、传播老师的哲思为己任。他领着学生，站在书院的地基上，只见"高敞盘郁，顶峰尊崇"，视线开阔、万峰中独此处最高，湛公连叹"高矣，美矣"，一旁的九龙泉"泉出泠泠"，意寓生生不息。接着师生们又惊喜地发现，书院还有步径通往山顶，在山顶极目，南海神庙、虎门海口尽收眼底。湛公兴致高涨，以一篇《白云书院记》记录了立院时的情形。

明代嘉靖年间，魏简出任广东提学使后，倡导尊儒贬佛，白云山的三大名刹除了白云寺改为湛若水进驻的白云书院，月溪寺由湖广巡抚、兵部侍郎黄衷改为书院，景泰寺则由国子监祭酒、少詹事黄佐改为泰泉书院。一时间，白云山上才俊云集。

黄佐饱蘸深情写下的瑰丽长篇《白云山赋》，今天被制成巨碑竖立于广州碑林入口。黄佐门生众多，其中欧大任、梁有誉、黎民表、吴旦、李时行等被合称"南园后五子"，五子在白云山上求学，留有多首写景、抒情的诗作。

明代探花陈子壮，曾在双溪寺旧址建有云淙书院，陈子壮与其弟陈子升，及欧主遇、欧必元、区怀瑞、区怀年、黎遂球、黎邦瑊、黄圣年、黄季恒、徐棻、僧通岸合称"南园十二子"，此时大明江山早已风雨飘摇，十二子诗文更添了几许家国情怀。陈子壮最后壮烈殉国，牡丹诗全国之冠、花鸟册画得极秀雅的黎遂球更是阖门忠烈，云淙书院自此湮灭。

入清后，屈大均、陈恭尹、梁佩兰、杭世骏、庄有恭、陈澧等大家皆在白云山留有佳作。在九龙泉兴建的南雅堂，是"岭南三子"之张维屏、黄培芳、谭敬昭的读书、吟诵之地。南雅堂（今在九龙泉复建）庭院雅致、奇花满园，加上有云山美景加持，诗友纷至，白云山的文气再现辉煌。著名书法家伊秉绶也是座上宾，他为诗友叶廷勋所书的墓表，现存于郑仙岩旁，为广州市文物保护单位。

可惜，这样对山吟风月的时光并没有持续太久，1840年鸦片战争爆发，1841年5月，三元里及周边村民在白云山黄婆洞牛栏岗，痛击英军。只可惜列强的魔爪已伸入彼时的中国，祖国河山进入至暗时刻。

白云山上的"将军岭"，因清末刘永福和冯子材这两位名将而得名。两人是钦州同乡，都曾在中法战争中英勇抗敌。刘永福的黑旗军在台湾抗击倭寇，虽英勇杀敌，战果颇硕，孤军苦战一年后，断饷缺械、几乎全军覆没的黑旗军，回撤到白云山下的燕岭。冯子材辞官后到广州拜访刘永福，两位将军结伴同游白云山能仁寺后山，青山有幸得见两将星。朴实的老广们，为表达自己对英雄的敬爱之情，便称此地为"将军岭"。

◎ 图注

①清代在宋人李昂英所钟爱的玉虹饮涧亭遗址上所建的能仁寺，是当时白云山上规模最大、香火最盛大的寺庙。②清末，在广州沙河驻扎的刘永福将军，在驻地建有家庙和忠义祠，供奉已故同袍的牌位。家庙在日本侵华时期，和能仁寺一样同遭被毁厄运。③—④五龙谷里的药王庙遗存，当年的药王庙，也是香火兴旺的所在。⑤复建后的南雅堂。⑥增城古荔林里的湛若水墓。

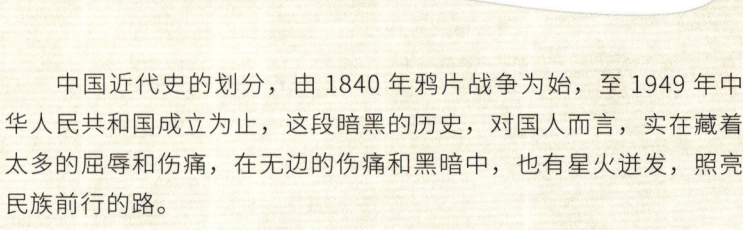

近现代之铁血战歌

中国近代史的划分，由 1840 年鸦片战争为始，至 1949 年中华人民共和国成立为止，这段暗黑的历史，对国人而言，实在藏着太多的屈辱和伤痛，在无边的伤痛和黑暗中，也有星火迸发，照亮民族前行的路。

1840 年开始，英军舰船驶入珠江口等我国重要对外出海口岸，封锁贸易航道。1841 年，英军攻破珠江沿岸的海防江防防线，5 月攻入广州，清军溃败。英军占据守城炮台、炮击广州城，激发广州民间强烈的反抗情绪。

1841 年 5 月 29 日，英军闯入三元里村滋事时，村民奋起抗击，打死英军数名。英军逃去后，村民预感到英军必再来犯，全村在三元古庙集合，以象征天时、地利、人和的三星旗为令旗，约定"旗进人进，旗退人退，打死无怨"，同时向周边萧岗等地乡民求援。萧岗举人、社学团练何玉成向南海、番禺、从化、增城各地飞柬传书，请求各乡精壮赶来并肩作战。次日英军司令率大军再犯三元里，村民诱敌深入至白云山黄婆洞的牛栏岗一带的丛林和洼地之间，五六月广州雨季，当时天降豪雨，英军火枪难以发射，遭村民痛击，溃不成军。各方共四百余乡的精壮陆续赶来支援，士气高涨的数万广州乡民，趁势夺回炮台。

何玉成后来回忆到："天心助我民，一雨纷淋浪"，民众合力，

◎ 图注

日占时期由日本著名插画师金子常光绘制的广州鸟瞰图可见，白云山与珠江都有了更多的开发痕迹，但青山护城、珠水相绕的山水古城的格局未变。

第一章 云山岁月歌

终将英兵赶下炮台、乘船而去，"夷众下船去，众怒犹未降"。

这场让国人士气大振的牛栏岗战役发生十数年后，白云山的牛栏岗再次于历史舞台上亮相：以李文茂、甘先为首的天地会红巾军在黄婆洞誓师，并在牛栏岗设伏，两次重创前来清剿的清军，清军先后五将身亡。青葱白云山，处处尽是英勇之壤。

清廷对外外交孱弱、对内施政严苛，腐朽的清政权早已摇摇欲坠，来自新世界的力量，如洪流奔涌，等待喷薄而出的时机。

广州作为中国近代民主革命的策源地，见证了近代旧中国旧时代摧枯拉朽的重大事件：比武昌起义还早半年的辛亥"三·二九"（黄花岗）起义，国民革命军讨伐北洋军阀的北伐战争……民主革命之火从古城广州点燃，熊熊燃遍全国。

白云山作为广州的天然屏障，一直是兵家必争之地，护城青山，也数度见证了百年前的风云变幻、世事如棋。孙中山先生与白云山数度结缘：1895年，考虑到每年重阳节，白云山上祈福及扫墓的民众极多，便于混迹，孙中山便计划在重阳节期间，借扫墓之名发动起义，起义地点就定在白云山。不料消息泄露，计划宣告失败。1910年2月，赵声、朱执信、倪映典等数十名骨干曾在白云山能仁寺开会，策划广州新军起义的行动计划。1921年孙中山返穗处理公务，恰逢广州佛教阅经社在大佛寺成立，孙中山被邀请为该社题词"阐扬三密"，四字复制后挂于白云山上的广化善堂分院，作

①  ②  ③

40

图注

① 黄婆洞一带，晚清时期曾发生过惊心动魄的战役。② "南天王"陈济棠为爱妻莫秀英建的明珠楼，可以一览云山美景。③ 百年来，能仁寺也见证过许多风云变幻。④ 牛栏岗战役里立下战功的乡民，就是在三元古庙集合出发。

为门额。1923年11月，为了防御叛军的进攻，孙中山和时任广东省省长的廖仲恺前往白云山、燕塘、瘦狗岭、龙眼洞一带巡视阵地，亲自指挥作战，士气大振，叛军败退，广州保卫战得胜。1924年5月，当年年初胜利召开国民党第一次全国代表大会、决定国共合作的孙中山，在多位将领的陪同下，携宋庆龄游览了白云山能仁寺后，又参观了郑仙祠，聆听了能仁寺的历史渊源，也参观了寺中的遗迹与名胜。未几日，孙中山偶感不适，又返回白云山休养了数天。与白云山可谓缘深。

清朝灭亡后，民国政府百废待兴，民国十八年（1929年），广州国立中山大学经广东省国民革命政府拨款，在白云山成立"国立中山大学第一模范林场"，广植马尾松、相思树等速生林种，改善山林生态。同时建立林场管理机构，白云山第一次有了可依法依章管理白云山的管理机构。这个时期，像明珠楼和白云寺等古建也得以复建。

明珠楼是1929年至1936年间在粤主政的"南天王"陈济棠为夫人莫秀英所建，陈济棠曾令人在楼前种植杜鹃花海供夫人欣赏。重修后的明珠楼，杜鹃满坡、连绵绕楼，登楼可眺湖光山色。

白云山曾经的名刹白云寺，明代时由官至尚书的增城名儒湛若水改建为白云书院，民国九年，被军阀龙济光拆毁，寺砖搬到摩星岭筑炮台与兵房。前同盟会会员居士何侠不忍白云寺荒废，便向当时管辖白云山的中山大学申请重建，时任中大校长的许崇清全力支持，白云寺得以迅速重建，建成后许崇清、邹鲁、陈济棠等各界名流纷纷为其题墨，以助力名刹香火鼎盛。惜白云寺又再毁于日军炮火，仅剩了断垣几段，名刹又再湮没历史长河中。

抗日战争爆发，广州沦陷，白云山也惨遭日军铁蹄的践踏。日军进驻白云山，将连绵青山变成军事禁区，建起一座座军用物资仓库、开挖防空洞、地下飞机库、战壕……大兴土木，同时山上大部分珍贵的文物古迹、自然山林皆化为灰烬，千年名胜白云山，遭受了严重的摧残。

抗日期间，中国远征军的劲旅新一军作战骁勇，为反法西斯战争做出了贡献。回国后，新一军奉命进驻广州，军长孙立人没有忘记牺牲在缅北战场的烈士们，设法将部分将士的遗骸运回了广州，将他们葬于白云山东南部、濂泉入山通道右侧的马头岗上，青山有幸，得埋英骨。

当代云山
闪光的足迹

　　将满目疮痍的荒山,重新织绿绣彩,种出无穷青绿和繁花,这护城的重重青山,是广州人家门口接地气的"门票最便宜的5A景区之一",也是一座招龙引凤的友谊山,正如岭南建筑学派大师设计的山庄旅舍山墙上的那一句"我们的朋友遍天下",来了,撷一朵悠悠白云和满眼青葱走,那是滋养身心的美与善。

山庄旅舍
"广州国宾馆",周恩来、陈毅、印尼外长苏班德里约、朱德、邓小平、江泽民、胡锦涛等多位中外贵宾都在此留下足迹。

摩星岭
摩星岭牌坊上"锦绣南天"四字由朱德亲题。

云台花园
见证中外友谊的花园,分布着各国友好城市所赠之礼与情深意长的友谊之树。

双溪别墅
接待过周恩来、朱德、陈毅等国家领导人。

白云松涛
董必武手书"白云松涛"。

当代云山闪光的足迹

第一章 云山岁月歌

中华人民共和国成立之初，西方国家对新中国推行"禁运"政策，为了打破物质及政治上的封锁、发展对外贸易，换取国家建设急需的外汇，在临近港澳、有着2000多年对外贸易历史的海上丝绸之路的重要起点城市广州，开办面向世界的商品交易交流展会，无疑是一个很好的破冰之策。

经过数次预演，1957年，第一届中国出口商品交易会在广州开幕，共有19个国家和地区的1200多位采购商到会，当年的成交额就达到了全国创汇总额的20%，推动了出口创汇的快速增长，为新中国开辟了一条与世界友好交往与对话的通道。路通则朋友到，国际间的交往日渐频繁，广州成为世界了解新中国的一扇友谊之窗。

20世纪60年代，中苏关系一度交恶，为拓展国际空间，国家领导人对东南亚及非洲等国家开展频繁的外交活动。作为南中国大门的广州，便成为接待到访贵宾的"客厅"，也成为中央领导出访的重要中转站。

这个时期，广州出现了一批既能体现地域特色、有人文沉淀，建筑风格上大气端庄，又在造价上经济实惠由岭南建筑学派大师设计的建筑。白云山上的双溪别墅和山庄旅舍就是其中的优秀代表作。

双溪别墅在白云山名刹双溪寺的旧址上兴建，最初由宋朝太尉苏绍箕的家庙而来，初名为月溪寺，因寺边溪流分月溪和甘溪两支泉水绕寺而下，后改为双溪寺。明末探花、东阁大学士兼礼部、兵部尚书陈子壮在此处建有云淙别业，陈和黎遂球等十一人，合为"南园十二子"，十二子在云淙别业和一众广州名士诗酒往还，开云山之诗书盛况。陈子壮以身殉国后，庭院败坏，隐没于尘埃。唯院落

◎ 图注

①—⑤不同角度的双溪别墅，皆有景可赏。

④

⑤

中的五宝泉，五个泉眼皆保存至今，水量丰盛、水质清冽。

1964年由岭南建筑学派泰斗莫伯治主持设计，在古刹旧址上，重建双溪别墅，翌年周恩来总理与陈毅副总理等领导人在双溪别墅下榻，别墅门楣上的"双溪"二字为朱德元帅亲笔手书。

另一处著名的建筑山庄旅舍，就在双溪别墅不远处。山庄旅舍同样由莫伯治等大师主笔设计，充分表现了"相地合宜、构园得体"的岭南园林风格。山庄旅舍建成以后，有过无数个高光时刻：1965年，时任国家副主席董必武两次下榻山庄旅舍，盛赞山庄设计，题写"山庄旅舍"及山庄前的对联"绿树多生意，白云无尽时"；同年，周恩来总理、陈毅副总理与印度尼西亚第一副总理兼外长苏班德里约举行会谈，并签署了两国联合声明；2006年，诺贝尔物理学奖获得者丁肇中先生受时任省长黄华华邀请访问广州，选择山庄旅舍作为接待地。多位党和国家领导人——周恩来、朱德、叶剑英、董必武、陈毅、贺龙、邓小平、江泽民、朱镕基、胡锦涛等也在山庄旅舍留下了他们的足迹，郭沫若、邓拓、吴晗、潘鹤、林墉等文化界名流亦览胜于此。

白云山下的云台花园，自建成以来，同样接待过多位党和国家领导人，多个国际友好城市及协会、组织，向广州赠送的珍贵礼物就陈放在花园的谊园内。国际友人种下的友谊之树，在谊园安家后全部长得枝繁叶茂。

一如山庄旅舍大门前的毛体的"我们的朋友遍天下"，白云山，也是见证辉煌见证友谊的美好之地。

◎ 图注

①—⑤山庄旅舍的不同景致，拥青山伴溪水，与自然默默对话。

第一章 云山岁月歌

47

第二章
云山草木魂

鹤舒台

宋·康与之

白云深处路崎岖，鹤去台空景物殊。
山展翠屏连紫幕，泉分清溜滴明珠。
道人只问丹砂井，隐客犹寻九节蒲。
试问葛仙仙去后，至今遗迹事如何。

云山草木魂

　　在文人学子来往广州的唐宋，白云山是让旷达的苏东坡念念不忘的修仙论道之秘境，山不在高，有仙则名的白云山，因让安期生驾鹤成仙的菖蒲而举国皆知。这一片南疆丘峦，山泉滋养的九节菖蒲，久食能成仙。白云山的菖蒲因安期生以药草泽被苍生而举国闻名，多少修炼身心的文人雅士，像当年的苏翁一般，来白云山，循仙人旧迹，掬一捧云外的仙泉，寻一丛得山灵滋养的菖蒲，而满山是松林，风过松林成涛波，夜间松脂成烟，伴书册一卷卷入诗肠。

　　唐代被叫作乱石山的白云山，云起云生间，慢慢生一山的草木，它们或巍峨参天，或绿荫绵延，或花开艳百里，或花气绕山谷……这些草木，渐渐赋予了白云山别样的精魄。

第二章 云山草木魂

白云山菖蒲：济世精神

◎ 图注

①—③白云山众多溪涧中，每每可觅青葱秀美的菖蒲。这些得山野灵气的菖蒲，也是一种济世精神的千年延续。

　　白云山因着特殊的地质构造及气候影响，泉眼众多，溪涧纵横。在溪水蜿蜒、水花飞溅处，常见石上生出小巧灵动的碧绿青草，身影低调的它却是传说中的仙草——菖蒲。

　　明代医药学家李时珍将菖蒲分为五种："生于池泽，蒲叶肥，根高二三尺者，泥菖蒲，白菖也；生于溪涧，蒲叶瘦，根高二三尺者，水菖蒲，溪荪也；生于水石之间，叶有剑脊，瘦根密节，高尺余者，石菖蒲也；人家以砂栽之一年，至春剪洗，愈剪愈细，高四五寸，叶如韭，根如匙柄粗者，亦石菖蒲也；甚则根长二三分，叶长寸许，谓之钱蒲是矣。服食入药须用二种石菖蒲，余皆不堪。此草新旧相代，四时常青。"

　　此般描述与现代中国植物志的分类基本一致。生于水泽、叶长二三尺的菖蒲（*Acorus calamus*）现在依然于端午前后被人们悬于屋前，以其剑形辟邪，以其馨香避瘟。而药用则以石菖蒲（*Acorus tatarinowii*）、金钱蒲（*Acorus gramineus*）为主。此两种就是各古籍记载久服能成仙的九节菖蒲。郑安期便是为采集此草救治百姓而不慎落崖升仙的，后来人们在农历七月二十五日纪念郑仙，这便是号称"广州第一诞"——"郑仙诞"的来源。

　　古时广州人除了会在端午和重阳节等传统节日时，采菖蒲、悬菖蒲，还会在专属的"郑仙诞"时，前往白云山郑仙岩附近露营"打地气"，在蒲涧采菖蒲、沐浴，以祈求身体康健。

　　而关于郑仙的传说不但在百姓之间口口相传，也在历代文人墨客登访云山后的诗画歌咏中广为传唱。北宋大诗人苏轼在游览白云山时，就曾留下不少关于安期生采菖蒲的诗作，最为人熟悉的便是《广州蒲涧寺》。

　　石菖蒲与金钱蒲生水石间，叶逆水而上，根盘石而生，节叶坚瘦，自具芬芳。既带山林溪涧之气，又有苍翠风雅之韵，自古便深受文人隐士喜爱。苏轼尤爱种蒲，他评价菖蒲"忍寒苦，安淡泊，与清泉白石为伍，不待泥土而生……"

　　从现代园林植物种植角度来看，菖蒲需要冷泉清水和湿润清新的空气才能生得青翠。同时几种菖蒲又具备较强的净水能力，沉降砂石，净化水质。如此看来，正是因为菖蒲与溪水相互滋养，才有云山出清泉，蒲涧生仙草，仙草浸流水，庇护百姓康健，流传千年的传说。

注：

1. 文中所提菖蒲均为天南星科，菖蒲族，菖蒲属植物。

2. 现代中药商品名"九节菖蒲"并非古籍或诗歌画作中的石菖蒲中质优者，而指毛茛科植物阿尔泰银莲花的根茎。

3. 广州喜爱的鲜切花"剑兰"，是鸢尾科唐菖蒲属的唐菖蒲。

白云山梅花：傲霜吐芳

第二章 云山草木魂

梅是我国最著名的果树和观赏植物。作为取食果实的树种，早在7000—8000年前，人们已经采食梅子。而作为观赏植物，梅列中国十大名花之首，"岁寒三友"和"四君子"的典故，亦是对梅花精神的赞颂。

我国是梅的原产地，古代梅树曾分布于华北和西北一带，后因气候变冷，才退居江南，而岭南，一直有梅分布。至唐代，岭南梅树的种植已相当普遍。到了清初，甚至有了"梅本出罗浮、庾岭，喜暖故也"之说。

虽不及庾岭、罗浮、萝岗的梅那般名动一方，白云山的梅也是有诗文为录的，诗中可见，白云山的松竹、梅林都是文人的灵感源泉。

明清以来广东经济富庶，诗歌发展繁荣，除了陈子壮等文人之外，岭南诗坛还出现了一位传奇女子，她就是张二乔。她善琴棋书画，与南园诸子交好，不奉承权贵。二乔生前，有诗记录梅子矶畔端午盛况；往生后，一众诗人送别她于白云山梅花坳，建百花冢。虽然张二乔生前常以莲自比，但百花冢若是百花仍在，依旧是梅花凌寒最先开，冰清玉洁恰似二乔。

现白云山梅林主要集中在麓湖聚芳园及黄婆洞水库梅花谷。新一代的白云山人持续林分改造，兼顾生态与观赏功能，重现云山梅林盛景。如今水库边松杉成行，梅树成林，秋冬时节枫香、杉树红叶与周边常绿阔叶林形成强烈对比，加之蓝天碧水，艳如打翻的调色盘。到了小寒时节，梅花开启"二十四番花信风"的第一信。梅花谷飘起成片香雪、绯云，各种梅花近千株，还有山涧、小桥、亭廊，以及黄道婆像、诗词楹联等又将迎来八方游客。

岭南地区的气候优势，非常适合梅树生长，梅花开时，不但再次印证"岭南春来早，梅开第一枝"之说，也预告着农人耕者的新一轮收成。

◎ 图注
①—③每年1月底2月初，大寒转入立春时，白云山梅花谷的各色梅花就渐次开放，果梅争先，宫粉接力，渐开成香雪海。

山中傲霜寒梅，比广州别处的香雪开得更晚，花色花气却都很惊艳。

白云山桃英：灼灼春正好

桃花总是寄托着人们美好的愿望。过年要"请桃花"，又红又大的桃花请入家中，取一个"大展宏图（红桃）"好寓意，再加上作为"仙木"的"辟邪"之用，作为招来桃花运的吉祥物，桃花完全可以说得上是花界的"六边形战士"。

要请桃，当然还要赏桃。广州可以赏桃的地方不少，但要赏李白诗中的"桃花流水窅然去，别有天地非人间"的景象，非白云山桃花涧莫属。相传曾有一位高人来到白云山，偶遇了这片灵秀之地，便在此隐居、种桃为乐，桃花遍满山谷，由此得名桃花涧。传闻未见有实证，但后人确实是实实在在地尝试复原了想象中的高人隐居、桃源梦乡之景。

1999 年，白云山第一次对桃花涧进行整体地形地势的扩建改造，以《桃花源记》为构思主线，开辟溪流，种下白碧桃、寿带桃、绯桃、蟠桃等多个品种的桃花，广州人过年必赏的桃花打卡地由此诞生。2021 年，白云山对桃花涧溪流进行生态修复，用更科学、现代的手段，打造更自然、更符合传统园林山水概念的园林景观。浅滩、溪流、瀑布、喷雾与新种的水生植物自然成趣。

而桃花涧的桃花，每年春季也如期绽放，一片紫红粉白，灼灼美景。早在 2007 年，在那个智能手机刚刚诞生的年代，热心市民通过线上投票、传真、热线电话、邮箱等方式，助推"桃园报春"一跃成为"云山八景"之一。待到满园桃花竞相开放，花如红霞浸染山谷，溪水带着花瓣流动、回旋，一水馨香盈动之时，穿游其中的游客，早已沾上春天的气息。

◎ 图注

①—④桃花涧中各色桃花，虽越是红艳越是应年景，但粉的妩媚白的素雅，次第开放，一样惹人爱。

⑤老广们爱在新春呼朋唤友到桃花涧赏桃花，祈望新的一年桃花运加持，桃花已满涧，老广们正在赶来的路上。

白云山松柏：万年长青

①马尾松。②圆柏。③南洋杉。
④水松。

我国是世界上裸子植物种类和数量最多的国家之一，被誉为"裸子植物的故乡"。松柏类植物是裸子植物中最重要的类群，具有很高的经济、景观以及文化价值。

松柏自古便是耐寒长青、坚韧挺拔的代名词。广州虽地处南国，并无"严寒"，但一样有专属的松柏故事。在《广东新语》中曾记载，东汉有一贤者名为杨孚，晚年从京退休还乡，其从洛阳移种宅前的洛阳五鬣松树在冬季时，竟有白雪降落，百姓因此称他为"南雪先生"，并称他的居所为"河南"，且沿用至今作为广州珠江以南地区的称谓。

后人因杨孚植松的故事，而在海珠区遍植松柏，并留下诸多带"松"字的地名，如万松园、万松山、大松岗、半松坡等。至民国初年，画家潘飞声如此描述海珠区瑶溪："珠江之南，河曲而西，水松夹岸十余里。松尽得村，曰：瑶溪。"

"五鬣松"即五针松，针叶五针为一束，为松属五针松组，我国有 12 个种，分布广泛。所谓"洛阳五鬣松"应为华山松，在岭南也有分布。而那曾经"夹岸十余里"的水松却是仅在我国岭南和越南有野生分布的"活化石"。白云山山脚下的泥炭土层就曾经发现有大量的水松干基和根部，证明水松在白云山也曾广泛分布。

涧水清冽，松青丰茂，溪涧水边的环境本是正适合水松生长，而身居涧底，枝向高空的形象又符合"涧底松"的文化意向，隐喻寒门学子或逆境中的文人，坚毅挺拔，始终向上的精神。

松柏不但有从容刚毅的体态展示神韵，还有特别的声韵感染游人。松柏针叶细长，簇状而生，大风起时，针叶摩擦相撞，松涛阵阵，深远悠长。所以中国古典园林常有"万壑松风"之韵，而白云山的"白云松涛"也曾在 1963 年入选过"羊城八景"。

松柏类植物还有独特的气味，令人远远就能感知它们的存在。这些枝叶挥发物可以增强空气的清新感，还有杀菌抑菌的作用。

近些年，新的林分改造工程还调整了针叶阔叶植物配置，增加了国内外品种。利用水松、落羽杉、池杉、水杉等杉木落叶的特点，为松柏类植物增加了"彩叶"景观。

其实在植物分类学上，并无"松柏类植物"一说，我们常见或常听闻的罗汉松、落羽杉、池杉、侧柏、圆柏、马尾松等都分属松杉纲的不同科属。它们有些是治理荒山的先锋植物，有些是亟须保护的"活化石"，有些是从国外引种的特色品种，它们在白云山一同记录山之底蕴，松之精神。

白云山 榕树：护人凉荫

第二章 云山草木魂

在广州，榕树是最为普遍的"社树"，广州人对榕树的选择，原因错综复杂：

广东"徐霞客"、对广州风物极为了解的岭南三大家之首的屈大均，说"榕易高大，墟落间榕树多者，地必兴"。听起来像风水玄学的神怪之说，实则自有道理——榕树爱肥沃的酸性土壤，喜湿润爱温暖，这恰是水稻与许多果瓜喜爱的生境。在农耕时代，五谷丰登、瓜果满园，自然是六畜兴旺、丰衣足食、盛世无饥馑的田园牧歌底色。

其二，榕树在湿气大时，每每从半空生根，一棵树渐渐长成一片林，"独木成林""母子代代同根"，正合家族兴旺、开枝散叶的意向，也契合同村同族永结同心、携手共进的美好愿景，所以，枝繁叶茂的榕树，本身就是一个饱含祝愿的绿色图腾。

族人要新觅村落发展，也往往带家乡老树公的树苗一并迁徙，以寓同根同枝，血脉永续。

第三，榕又是个大家族，从细叶榕、大叶榕到菩提榕等等，都能生出婆娑树荫。作为村中"社树"的榕，常常长在村口的江河岸边，榕实熟后落入水中，河鱼爱啄食，富含果胶与蛋白胶的榕实，能让鱼肉更甜美紧实。枝繁叶茂的榕树，也是各种小鸟的家，一棵树冠巨大的榕树，上面往往住着很多的鸟类，每天晨昏，大榕树上鸟鸣不断。

在长年日照强烈的广州，大榕树就是行人歇脚、纳凉的一把榕荫绿伞，云山间的蔽日绿伞，庇佑过一代又一代的广州人。

榕树在园林造景中，既能以绿叶浓密如华盖亭亭、气根下垂如丝绦婆娑，主根、板根苍劲有力，支柱根盘织成林……种种极富岭南趣味的画面感独成景观，得一方阴凉，容人栖身荫下下棋、打拳、嬉戏；又能整齐列植，形成清风徐徐、暑气全消的林荫大道。

白云山的榕树品种，有大叶榕（黄葛树）、细叶榕、高山榕、印度榕……有几株，已过百岁，皆浓荫如织，织成岁月之歌。

◎ 图注
① 在广州，细叶榕是排在荔枝之后数量最多的长寿树种，而且生长速度极快。
② 山庄旅舍前的高山榕。

第二章 云山草木魂

郁郁古树，云山上挺拔的歌者

近两年，在各方助力下，广州的古树名木越来越受到大众的关注，"打卡"古树的热潮，持续热情高涨。

自古便是"青山半入城"、占据广州城重要地理位置的白云山，原本被文人以诗词广为颂扬的满山古木参天之南粤名山，却因历年的树木滥伐，以及战火摧残之下，几乎成为光山、坟山——倘若你看过百年前白云山的照片，你就会发现——从前作为广州人心中先人托身的风水宝地，以及赖以生存的燃料来源，白云山上一度仅余零星点点的高树，原生植被已经找不到，几无遮挡的视野可将整个城区尽收眼底。得名于菖蒲的蒲谷蒲踪难寻，据说因诃子树得名的"柯子岭"，诃子古树一株不剩，那些古文诗词记载的画面，一度消散不见。

直到白云山作为第一模范林场开始了植树运动，再之后一次又一次植树、复林、生态改造，白云山才渐渐恢复郁郁葱葱之貌；广州市白云山风景名胜区管理局成立以后，整个风景区广种草木，白云山得以复绿成青山、宝山，在早已蓬勃成林的山林里，一批耀目的古树明星，待我们前往拜访，去静静诵读一段时光之诗。

它们在哪？坚守在白云山内的那几棵古树，本身就是见证了非凡历史的珍宝。

◎ **图注**
①白云山麓湖景区樟树古树。②白云山云台花园细叶榕古树。

明珠楼附近，有过百岁的橄榄树和印度黄檀，橄榄树是老广喜爱的乡土长寿树种，这种独具经济价值的长寿树，也常被广府人种在后山的风水林中，世代相传。

云台花园里，有细叶榕、佛肚树古树各一棵，细叶榕气根如美髯，树冠如巨伞；原产中南美洲的佛肚树，造型呆萌可爱，这漂洋过海而来的"萌"树，年纪已过百岁。

雕塑公园有棵超长待机的罗汉松，已过 230 岁，是广州荣誉市民香港裕达隆有限公司执行董事长张松先生于 1998 年捐赠，是目前广州树龄最大的罗汉松之一。这棵罗汉松高约 10 米，树干直径约 0.6 米，生长速度缓慢，看起来并不粗壮的身躯却已历经 200 年光阴的洗礼。罗汉松作为颇受欢迎的园艺用树，总是以修剪好的造型出现在园林造景、盆景之中，而这棵罗汉松爷爷，正轻轻松松地以最自然、舒展的状态，矗立在云液湖旁，以百岁之寿安度光阴。

麓湖一侧的樟树，长在山坡草地之间，透过长满柠檬桉的小树林，古樟壮丽雄壮，在山坡间铺下如伞浓荫。

它们将共同见证着白云山生态体系的完善，遥望着山上共存的树影，看着人们来来往往，逐渐茂密和丰富的丛林将彼此的视线遮挡，千千万万的根系却在泥土下越发联系紧密。

漫山的大树就这样一天天和我们一起变老，带着岁月故事，开枝散叶。

◎ 图注

①雕塑公园罗汉松古树。
②云台花园佛肚树古树。
③白云山明珠楼景区橄榄树古树。④白云山明珠楼景区印度黄檀古树。⑤—⑥白云山西门大叶榕古树。

第三章
云山觅诗文

白云山寻诗

梁俨然

傍石欹松老劲姿,白云倾盖自神怡。
蟠根荫砌危亭峙,日影筛光满地诗。

云山觅诗文

　　春雨养百花满山，秋霁生白云绕峰，晴添半城青葱，雨则雾失迷城。四时读山，都能入画。

　　满山的自然已是可爱，营城两千年间，来往才子墨客留下的锦绣文章、隽永佳句，更为白云山留下传世风采，看山时见山，读句赏文后，再看山时，便是一卷卷史书与诗画。

　　满山的诗画，打动你的，又是哪一句哪一幅？

　　诗画入魂，文字留史，在云山，或因景触情，以诗文言志寓情；或寻一方碑，解读时间的碎章；由山中的文字，拾一城的前世今生，如歌岁月。

摩星岭上 字字珠玉

第三章 云山觅诗文

山顶公园再往上走，是白云山最高峰——摩星岭。清代以前，山峰还没有"摩星岭"之名，只有第一山之称，康熙修《广东通志》绘白云山图时，在卷首称此山峰为"摩星岭"，名曰"天南第一峰"，从此得名摩星岭。作为白云山众山之首，摩星岭不仅山高，山上也处处有诗意，如：

著名的古文字学家商承祚题摩星岭牌坊联——

上联：珠海光大地

下联：云山竞登攀

山顶上的摘斗亭，亭本身很美，亭身圆润皎白，亭的名字寓意也很美，意指"手可摘星辰"，广州市书法家协会主席连登所书的亭柱楹联更将这美推至诗境：星转天穹阔；霞飞岭路深。文意不俗兼合亭名，妙也。摩星岭下方的祈福亭楹联亦有妙韵：绿草作台云作石；紫藤为槛雨为帘。横批：决眦。此亭的意境来自杜甫《望岳》里的"荡胸生层云，决眦入归鸟"，登亭"决眦"极目四望，半城入眼帘。

景区内的"锦绣南天"牌匾题字，出自朱德之手，下方是著名作家刘逸生、书法家徐续撰联，书法家及省政府文史研究馆的梁鼎光书写的红木绿字楹联，上联是"溟海昔屠鲸到此日整顿南天，低回汉雨秦烟九龙丹井"，下联为"云山今倚马问何人笑谈前史，指点唐碑宋刻五岭红棉"，接天通海、谈古论今的豪情，你接收到了吗？

◎ 图注

①锦绣南天的牌匾题字，由朱德手书。②商承祚这对联用的是金文，你看懂了吗？③摘斗亭所在位置极佳，配以应景诗文，足以让人流连再三。

云山上的镇山宝贝

天南第一峰牌坊相传原为宋代转运使陶定所建,当时作为登摩星岭的指路牌,是人们登摩星岭的必经之路。后人曾对牌坊做过两次重修,现已成了一个独立的景点。今坊柱上有联云:"云开世外三千界;岩倚天南第一峰。"甚有气度。天南第一峰牌坊下方是云岩,云岩右侧的"红尘不到"石刻又让人瞬间出尘,是清光绪二十二年长沙邓万林有感云岩的幽静而写。

旁边还有一方被书法家称为"白云山的镇山宝"——伊秉绶为故交叶廷勋所题的《皇清晋封资政大夫盐运使司衔叶先生墓表》,伊秉绶是清代顶尖书法家,目前书法作品能拍出每个字 500 万的天价,白云山上的这方墓表,存字 338 字,若按时价计算,价值不菲。

《皇清晋封资政大夫盐运使司衔叶先生墓表》立于云岩与天南第一峰牌坊之间,墓表刻于清嘉庆十六年,墓主叶廷勋(花溪老人)则是十三行行商中最大的四大行商之一,叶廷勋与伊秉绶因对诗书的共同喜好兼同为福建老乡,而成为忘年交,叶廷勋身故后,伊为其洋洋洒洒书写墓表。伊题的字固然珍贵,叶的经历也堪称十三行商人的缩影。书法可赏其美、史实可溯其源,墓表的价值是非凡的。墓表碑石为连州青石,碑顶呈拱形,高 2.34 米,宽 0.92 米,原碑已破碎,碑文所缺字据《广州市文物普查汇编·白云山卷》所刊拓片补回。

墓表碑文内容如下:

资政大夫叶公,以学行显荣。初,公祖母苦节获旌,父牵车艰于养。公少励学,作而曰:"学在克家。"遂弃章句,诺重商旅,信乎远人,积赀既丰,值国家有急,历输台湾、廓尔客军粮,永定河、南河石工计累巨万。

天子褒之,加至盐运使司衔,锡封二品,荣及三世。追训子成才,母寿益高,则辍业孝养,日夕依依,暇仍励学,诗含清风。顺德黎二樵、钦州冯鱼山咸折节与交。曾校王文简公《古诗选》,大兴翁鸿胪方纲一见称善,出所校本与合刻,艺林珍之。著《梅花书屋诗集》若干卷。顾体羸病,以嘉庆十四年九月六日卒,年五十有七,远迩惜焉。公讳廷勋,字光常,号花溪,配颜氏,封太夫人。先意承志,善养其姑,前公三年卒。子三人:梦麟,候选郎中;梦龙,户部员外郎;梦鲲,光禄寺署正。孙九人,诸详李太仆宗瀚所作墓志铭。秉绶辱公知爱十余年,今重来登坟。惟公孝于家,勤于国,信于友,生平任恤解推,不可枚举。籍本福清明宰相叶文忠公之裔,由同安再迁南海。传曰:公侯之子孙必复其始。谨表叶氏光大所由,寔缘公内行克修,垂裘后昆,刻石白云新阡,以告来者。

最后是隆而重之的带职衔签名,表文再工整不过,实不容错过。

◎ 图注

①天南第一峰牌坊,最初建于宋代,后来经过两次重修。②与第一峰牌坊相邻的,是伊秉绶为十三行巨贾叶氏题的墓表。③红尘不到的牌坊,在去往郑仙祠的路上。④郑仙岩上的崖刻。

◎ 图注

①—②在白云寺遗址上建成的广州碑林，有各朝各代文人志士的墨宝共计近300块碑。③董必武手书的脍炙人口的"绿树多生意，白云无尽时"也在碑林中有展示。④黄佐的《白云山赋》饱蘸深情。

第三章 云山觅诗文

石上歌谣 唱给岁月听

广州碑林位于白云山九龙泉景点内，初入碑林，可看见镌刻了黄佐的《白云山赋》的巨大碑刻，通篇绮丽奔放、对仗工整、气韵沉雄的骈体文，概括了白云山的历代名迹，风光奇胜，以此佳作放置碑林入口处，便是一篇极为契合的序，读后使人顿生浓厚游兴。黄佐，香山（今中山）人，明代著名学者、年少成才，曾任南京国子监祭酒，其才思得到过明代著名哲人王阳明的首肯，培育了大批著名学者文人，是南国极负名望的大家。

"绿树多生意，白云无尽时"这则公认的写白云山的佳句，来自老一辈无产阶级革命家董必武老先生下榻山庄旅舍时的题墨，该联广为人知的是悬挂在山庄旅舍大门处，其实广州碑林内也有该对联的碑文。除了董老外，碑林内还刻有毛主席以一贯骨神兼具的狂草写就的《调寄清平乐》，字形与诗意相互贯通，诗中写道"踏遍青山人未老，风景这边独好"，游玩至此读到此诗，倍感舒畅淋漓。

再往里面走是清代初建的"南雅堂"，室内置有多部碑刻诗作，其中有诗圣杜甫的祖父杜审言的《南海乱石山》，他当时和另外三位初唐时期著名诗人沈佺期、宋之问、张说一起被贬南下，经广州游白云山时作了此诗，那时白云山还不叫白云山，而叫乱石山。

宋代大文豪苏轼多次写到蒲涧，其中这首《广州蒲涧寺》也被刻在碑上，置于南雅堂中。

广州碑林里的仙墨轩收藏的古人墨迹最多，明清时期，岭南诗人先后在白云山结社吟诗，此处还荟萃了梁佩兰、陈子壮、陈邦彦等诗人的佳作。明代大儒陈献章的墨迹诗刻《应试后作》尤其出彩：

久为浮名缚，聊忻此为贫。
春寒三日战，衰病百年身。
白发慈颜老，扁舟感兴频。
平生荣辱事，来往一轻尘。

白云山的价值，不止在灵山秀水白云绕，还是这些南来北往的文人墨客、豪杰伟人寄托家国情怀、抚慰平生荣辱的灵丹和心药。

聆涛听泉 字字关情

◎ 图注

①从前白云山上广种马尾松，松风过去，如涛声盈耳，董必武为景区题书"白云松涛"。②—③纪念陶铸所立的松风石。④郭沫若夫人、女书法家于立群题写的"葱茏"二字。

白云山虎头岩附近有一块刻着著名画家吴作人手书"松风"二字的花岗岩，这块花岗岩"松风石"是为纪念前中共广东省委第一书记、中共中央中南局第一书记陶铸所立，"松风"二字取意陶铸的著名散文《松树的风格》，同时也是对陶铸铮铮风骨的高度概括。

巨石底下长埋着陶铸和其夫人曾志的骨灰，石头背后刻着陶铸、曾志的名字及其生卒年。松风石正面上的掌印来自这块石头的设计师著名雕塑家潘鹤教授，他在雕塑松风石之际，印上自己的掌印，以表达对陶铸生前遭遇的同情和惋惜。

如今，松风石四周种满松树，石景与树景呼应，站在石头前，耳边松涛阵阵，顿感陶铸所写松树的气节都凝聚在这块"松风石"上了。

松风石再往前不远就是白云山上著名的山庄旅舍。文学大家郭沫若曾为山庄旅舍"山水相逢"休憩亭后的一处泉流题名"听泉之处"，其夫人于立群，是书法精妙的才女，见清泉滋养之处，草木皆郁郁葱葱，有感而发，提笔写下"葱茏"二字，字中山、草、水交融，一派勃勃生机，现书法石刻尚存。

1965年，时任国家副主席董必武两次下榻山庄旅舍，盛赞山庄设计，题写"山庄旅舍"及山庄门前的对联"绿树多生意，白云无尽时"。正与"葱茏"的生趣盎然之意相扣。

松之长青，山林葱茏，草木虽非人，但在白云山，一草一木，都有了情。

欽加同知銜調署番禺縣事　　　縣正堂加十級紀

　　為示諭嚴拘佛地園須莊嚴勝境毋容
南海大七本半城八景之一號在念東其前後左右各山
皆名山開夏殖海文人墨士
砍伐莊永寺家可養一味塋寅
示諭該土客男婦諸色人等知悉示
毛到大扺法不自愛五寺衆立刻捉保
以示公示如徐婦女均其夫男兒治本
　公共行記莫域永各有應得決不能

光緒十二年三月　　十三　　日

碑是云山安静故事书

在今广州白云山景泰坑附近一条幽僻土径旁,置有刻立于清光绪十二年三月十三日(1886年4月1日)的石碑一方,草木掩映,鲜为人知。碑高140厘米,宽60厘米,麻石质地,形貌完整,字迹可辨。

此系番禺县署颁布的一道保护白云山景泰寺产的官府禁令,言城北白云山景泰寺向为佛法圣地,晋奉南海大士(观世音菩萨),本羊城八景之一,游人赏憩之所;寺宇周围之花林松木均系寺产,他人不得随意砍伐摘取,损碍景观,违者究罚。

景泰寺为白云山名刹之一,位于白云山北坡之景泰峰,峰下有洞称泰霞洞,有坑称景泰坑(今仍其名)。林木繁森,水石清幽,曾以"景泰僧归"名跻元代羊城八景。

据记载,景泰寺自梁大同始,梁时崇佛,州官萧誉延请景泰禅师,于此择地建寺。[1] 景泰禅师来到此地得二石履一古镜,乃建寺以志之,寺名七仙寺。[2] 宋天禧年间时,僧智严住持景泰寺,建僧归亭,并立碑记,以志其事。至明时适逢景泰年号,改名"僧归寺"。

景泰寺宋代即为会城一处风景名胜,时人白玉蟾即有《景泰晚眺》《景泰寺》诸诗,赞其形胜之美。元代以此处山林之美而将"景泰僧归"列入羊城八景,说明当时城市已扩大了范围,白云、粤秀二山也已开发利用。明代景泰寺五次修建,虽未入羊城八景,亦以"景泰云峰"著称于世。清初二王进攻广州,在白云山择地铸造火器,山地尽毁,山泉枯竭,至今未能恢复。据此碑可知清末景泰寺尚存,亦有僧侣住持。至抗战时期,日军在白云山修筑工事,放置军需,因疑白云山诸寺有东江纵队活动,为解除威胁,遂用飞机轰炸能仁、景泰、濂泉诸寺,由是荡然无存。[3]

据碑文,所谓"调署"即是清代吏部之铨选制度之一种,指官员在同品秩官缺上之迁转,即对品调用。所谓"钦加"者,即是加衔调用,在本官称号之外再加品级稍高的官衔,此"同知"衔当为州同知,从六品,高于正七品知县。

注释:
[1]〔清〕仇巨川《羊城古钞·景泰禅师》,广东人民出版社1993年版。

[2] 梁俨然《白云山探胜》,1998年印刷本。

[3] 曾昭璇《广州历史地理》第二章《元代广州的历史地理》,广东人民出版社1991年版。

第三章 云山觅诗文

云山界碑，触目城市时空之门

人间百年，于已历经千万年岁月的白云山，不过刹那。但刹那已是秀木成林，城市茁壮，人事几番新。

隔着昭昭日影回看广州市称谓的来时路，在秦代，秦始皇统一岭南以后，在广州地区设南海郡，广州为郡治所在地，在唐代，广州称为广州都督府，至宋、元、明、清代，广州称为广州路（元代）、广州府（明、清时）。

1918年广州市政公所成立，1920年正式划定市区，仍分由南海、番禺两县管治。1921年发布《广州市暂行条例》，广州市政厅成立，界定为地方行政区域，直属广东省政府，成为中国近现代史上第一个设市之城。

1924年，广州开始拟定区域；1930年，广州市政府颁发《市县勘界条例》，由市土地局负责测绘本市界址，在要地定下竖立市县界碑的位置，督率石商悦昌号，依次竖立坚固、明显的界碑，标志清楚疆界；1930年12月，广州市边界上竖起陆界碑26方、水界碑20方，共46方界碑，以此划定了东起东圃，南至河南，西达滘口，北至白云山元下田，一共537平方公里的范围为广州市市区。

市界碑的竖立，不仅代表着划分行政区域，确定管辖范围，更牵涉到税务征收、治安整顿、市政规划及建设、土地登记、户籍管理、文化习惯等。从这些市界碑竖立到选定的那一处土地开始，广州市便从此改变过去由南海、番禺分治广州城的格局，扩大了市政规划区域，是广州市城市建设和发展的重要标志之一。

◎ 图注

①民国时期立下的广州市界碑。②—④苏东坡后人所葬的苏家山之界碑。

第三章 云山觅诗文

时代更迭，现在城市之间多数以河道、主干道进行分界，竖立界碑的方法已跟不上城市扩张，而随着广州城市的发展日新月异，广州市已由原先数百平方公里，发展至现在总面积为7434.4平方公里，昔日的城界已改变，失去原作用的46块界碑逐渐湮灭在城市发展的进程中。

经政府、文物工作者、文保志愿者等多方努力，现能寻得广州市界碑仅为9方，均已被列为广州市文物保护单位，其中，北至白云山的元下田碑，如今仍静静伫立在白云山风景区北麓山腰。

元下田碑保持着最初统一的广州市界碑规格：方尖碑式样，柱身为长方柱形，上部为立锥体，碑身四面刻字，正面刻"广州市界"，左侧刻"市区界石毁窃严究"，右侧刻"中华民国十九年立"，陆界碑背面亦刻"广州市界"。每个字都嵌入深1.27厘米，界碑均使用花岗岩石。

白云山风景区作为城市历史的承载者之一，即使散落在草深幽径旁的碑石，亦是历史的吉光片羽。

有市界碑，亦有税界碑。

税界，代表着负责管辖征缴税务的部门与界限。白云山上有苏府税界碑、汤府税界碑，这两家如今仍是白云山一带的大宗族姓氏。清代民国的"税界""地界"类似告知人们：房子所在地范围，主人已经缴纳一应税务费用，所在地的房子所有权归房屋主人所有。同时，这样的税界碑、地界碑也做备忘之用，对不知情的后人起到提醒作用。此外，山上还有旧时的村界碑，现今村的范围腾挪颇大，它仍伫在原地，任云来霞往，滔滔流年。

悠悠岁月，沧海桑田，白云山上这些划分边界的界碑，是历史是印记，也是广州城市前行的足印。碑石无言，但它们默默地伫立在原地，云山秀美，长风浩荡，便已是万语千言。

◎ 图注

①每处祖山，必有土地神庇佑。②死生契阔，长眠之所，也需地契交割清楚。③五龙谷内的棠下村的公约碑。④棠下村与五龙谷的界碑。

净地读句 岁月悠长

◎ 图注

①白云仙馆因在来往要道之上，香火向来兴旺。②—④清代白云山上规模最大的能仁寺，同样与许多风云人物有交集，寺里的各联也多有趣味。

白云山在悠长岁月中，吸引了大批文人骚客登临于此，作为白云山现存的唯一古刹，能仁寺也在无形之中受到这些"文气"的涵养，从它寺前、寺内的对联就可窥一二。能仁寺前立着一个巨大的"佛境"石牌，牌柱上有两对联，内容如下：

"佛境"石牌柱联其一：

须知各有姻缘 试问心那个愿居人后？喜得臻斯境界 再努力何愁不到佛前！

"佛境"石牌柱联其二：

无事适华嵩 白云高飞 此处是神仙福地；超然纯氛翳 红尘不到 个中有山水清音。

由"佛境"牌坊进入再往上走，能仁寺山门映入眼帘，为两柱一门一楼牌坊，门额正面刻"能仁古寺"，上款"咸丰元年孟冬谷旦"，落款"南海何庭修书"，背面门额刻行书"同登彼岸"，寺门柱上写有楹联道"路辟蚕丛顽石点头皆觉路；门开洞达白云有脚自知还"。此联化用了李白的典故，读完顿觉豁达，令人想托身于此青山白云间。

金刚法界，又称天王殿，是供奉佛教中护法神将——四大天王之地，意在保佑五谷丰登、国泰民安，传此匾为才华横溢的诗僧苏曼殊所题。慈云殿为后殿，殿内供奉观音菩萨金漆佛像及金童玉女像，殿外金漆柱联为"极手眼之圆通现千万身无非自在；统圣凡而摄受度一切苦不尽慈悲"。此时拾阶登上慈云殿，已是寺中最高处，读之自得自在。

不仅有"佛气"度人，白云山中还有道家仙气。坐落在白云山麓湖公园内一高坡上的白云仙馆，其高坡上刻有中山大学首任校长邹鲁题写的"白云仙馆"四字。而正门的馆名则出自香港蓬瀛仙馆倡建人张学华之手，他是番禺人，曾学道于罗浮山，正门楹联同样由他写成"香火千年祖庭瞻仰；云山四面仙客栖迟"。经过天井，进入大殿。门柱上的对联为"从古白云多蒲涧；几番沧海又桑田"，殿柱有一对联"白云初晴幽鸟相逐；流水今日明月前身"，为前全国政协副主席赵朴初题字。

"仙气"飘飘则山灵秀，这些无形之中的"仙气"使白云山灵气逼人，也令山中出现的各家诗句如岁月般悠远深长，耐读、耐品。

半山有亭,坐看云起
且读城且读山

◎ 图注

凭栏远眺的绝佳处,摘斗亭。

半山有亭，坐看云起，且读城且读山

"亭者，停也，人所停集也。"在中国古代，亭子最初是有政治功能的建筑，随时间的推移，亭子慢慢成了具有景观功能的建筑。在园林和山水中，亭子既可与周围的环境构成富有意境的画面，又能够打破单一的自然景观，起到画龙点睛的作用。

白云山亭子众多，它们散落在山中各个角落，有的悬挂着名家题写篆刻的楹联，篆书、草书、隶书等书法艺术皆可欣赏到，有的亭子是有名无联，有的则是无名也无联，给人留下了发挥想象的空间。游人往往匆匆路过或休憩于其中，但忽视了亭子本身的观赏价值，不免令人遗憾，现在就邀各位细细品味白云山亭的美与诗意。

位于山顶公园的白云晚望亭，是白云山上最出名的亭子，古时"羊城八景"之一的"白云晚望"一景便是出自此处。晚望亭是由四角凉亭与长廊组成的建筑，亭柱上对联出自陈永正之手、由徐续所撰："纵览长云真觉夕阳无限好；迟瞻高树始知倦鸟有余情。"站在亭中，远眺望尽城中风景，近看一览山间花草树木，最后用亭中对联将山中景和心中情相呼应，此之谓情景结合。山亭，犹如取景框，把四周景物框住，游人成了摄影师，自行取景，用眼睛拍摄最美山景。

与白云晚望亭相对的是，白云山观日出的胜地——白云晓望亭，这里也是俯瞰整个鸣春谷美景的最佳地点，亭子大门处的亭名题字可谓大有来头，由开国大将张云逸将军亲自手书，两侧楹联"千山起白云；万梅争黄昏"，白云晓望亭前原是一片梅林，梅花开时，站在亭中放眼望去，万梅盛开，异常壮观。

◎ 图注
①位于山顶公园处的白云晚望亭，可俯瞰广州城央。
②位于鸣春谷景区的白云晓望亭，亭前曾有一片梅花盛景。③坐落在蒲涧边的无名亭，静谧幽寂。

讲述苏州地区传统建筑修造之法的《营造法原》提到"亭为停息凭眺之所",亭是双足与心灵的停歇之处,又是双眼的凭眺之处。四面通透的山亭,为登山者带来心神皆欢畅之旷达。

而云山之亭名,大都极富诗意,于景贴题,于情又留有余韵,可回味再三。白云山是城中观云的绝佳之地,因此与云相关的亭名多不胜数,在山中各处都可寻到与云相关的亭名,比如:挹云亭、云壑初探亭、追云亭、登云亭、尚云亭等等。

与亭有关的诗意化形象层出不穷,这也体现在亭名之中,比如:荡胸亭和决眦亭,这两个亭名,一看便知化用了杜甫《望岳》中的名句:"荡胸生层云,决眦入归鸟。"此亭名穿行千年,实现了南北两座名山的遥相呼应,将诗的意境带到现实中来。

荡胸亭往下的白云松涛处,有两个凉亭,一个是听涛亭,一个是跃云亭。听涛亭,顾名思义可在亭中听涛远眺,听松涛阵阵,远眺目之所及,亭上楹联为广东著名书法家、诗人崔日辉书:"山花入画留芳芷;松浪浮诗挹翰芬。"跃云亭为典型四角凉亭,四面镂空,独自耸立于小山坡上,四面皆是亭中人的相框,不仅亭子的名字文雅,亭上对联也寓意悠远:"松影摇风鳞甲动;涛声化雨枕衾寒。"

很多时候,亭子也以应景的自然景观为名,如:惠风亭,葱影亭,惠风亭上是由"诗文书画"样样精通的广东著名书法家黄衍增老先生亲笔题写的隶书楹联:"山中信步随芳草;亭上闲来倚白云。"字体古拙朴茂、刚柔并济,诗意早已在字中浮现。在这些亭里纳凉,自然风凉水冷、神清气爽。

◎ 图注

①翠云亭。②挹云亭。
③跃云亭。④惠风亭。
⑤葱影亭。

　　白云山之亭,多贴心设于半坡之间,一缓攀爬之辛乏,二可凭栏舒目,身心且停息,身心得欢愉。山庄旅舍大门外的眺望亭及其亭柱上的楹联,"登高天宽阔,眺望心自清"是此意象的完美诠释。亭子本身是重檐圆形亭,造型小巧典雅、圆润活泼,亭建在小石坡上,四周开阔旷达,是休息和凭眺白云山的好去处,亭前的小石梯是上去眺望亭的必经之路,从下往上望去,亭子在蓝天和树枝的双重掩映下,显得非常生动,让人觉得这不只是一座无声的建筑。

　　想亭、摘斗亭……下次登山,你且好好享受这些美丽的亭带来的身心之愉。

◎ **图注**
①眺望亭。②想亭。
③摘斗亭。

第三章 云山觅诗文

②　③　④

◎ 图注

①静静伫立在半山中的蟠崖亭，同样是白云山的诗意所在。②龙虎岗上的这座亭台，最受观鸟人喜爱。③—④走走停"亭"，你最爱哪座亭？

除了这些有名字或有联的亭子，白云山上还有不少无名亭、或者名字鲜为人知的亭子，它们同样值得我们去欣赏和品味。它们或是立于山巅，四周皆风景；或是隐于山林之中，曲径通幽；或是藏于山涧小溪深处，清新朴素。或者占据高处，再因人烟鲜至，成为民间鸟友的观鸟胜地——如龙虎岗山顶其貌不扬的二层亭台，就因是在猛禽的冬迁线路上，而成为观鸟人心中最美的亭子。

这些白云山亭的造型也不尽相同，有圆形、方形、六角形和八角形等等，不同造型的亭子呈现出来的画面不同，在整体山水景观中产生了不同的趣味。

这一城的云山，景美因有亭点缀，亭美，又多有楹联添彩，题联者多为南国杰出的文人、诗人和书法家，句美、字美、意美，且走走停"亭"，坐看云起月升，赏城中四时变换，循着诗句，读懂这座护城云山，便是开启这座千年羊城的钥匙。

91

①

②

第三章 云山觅诗文

云山诗意 字字关情

从唐开始，文人墨客为白云山创作的诗词数目繁多，只录片羽，带你在时空穿梭，沧海已变良田，唯这座青山，依旧在。

登蒲涧寺后二岩三首（唐·李群玉）

五仙骑五羊，何代降兹乡 // 涧有尧年韭，山馀禹日粮 // 楼台笼海色，草树发天香 // 浩啸波光里，浮溟兴甚长 // 行尽崎岖路，惊从汗漫游 // 青天豁眼快，碧海醒心秋 // 便欲寻河汉，因之犯斗牛 // 九霄身自致，何必遇浮丘 // 南溟吞越绝，极望碧鸿濛 // 龙渡潮声里，雷喧雨气中 // 赵佗丘垄灭，马援鼓鼙空 // 遐想鱼鹏化，开襟九万风。

送友人南归（唐·王贞白）

南国菖蒲老，知君忆钓船 // 离京近残暑，归路有新蝉 // 岘首白云起，洞庭秋月悬 // 若教吟兴足，西笑是何年。

赠蒲涧信长老（宋·苏轼）

优钵昙花岂有花，问师此曲唱谁家 // 已从子美得桃竹，不问安期觅枣瓜 // 燕坐林间时有虎，高眠粥后不闻鸦 // 胜游自古兼支许，为采松肪寄一车。

广州蒲涧寺（宋·苏轼）

不用山僧导我前，自寻云外出山泉 // 千章古木临无地，百尺飞涛泻漏天 // 昔日菖蒲方士宅，后来薝卜祖师禅 // 而今只有花含笑，笑道秦皇欲学仙。

鹤舒台（宋·康与之）

白云深锁路崎岖，鹤去台空景物殊 // 山展翠屏连紫幕，泉分清溜滴明珠 // 道人只问丹砂井，隐客犹寻九节蒲 // 试问葛洪仙去后，至今遗迹事如何。

蒲涧和东坡韵（宋·李昂英）

四时冰柱湿风前，绝顶飞来一派泉 // 瘦蔓相牵根太古，苍崖特立探长天 // 灶荒孤鹤寻遗迹，寺老幽禽闯坐禅 // 闲日频游归复梦，结庐曾许蹑坡仟。

久住白云呈镇长老（宋·李昂英）

桑下戒三宿，我此尚留恋 // 曹溪悟一宿，我复无知见 // 镇公房逊客，所须如执券 // 园丁蓝供茹，行者时灌砚 // 饭奴更蓣马，纸帐费香篆 // 主人真好事，应答色无倦 // 欲归兴未阑，欲住面有觍 // 飞锡肯三迓，亦有伊蒲馔。

◎ 图注
①今天的云山，晴时虽再难看到如襟带的珠江，人力造出的摩天楼，为城市新添了亮眼风景。②春雨时节，雾锁云山，天地之间，唯剩空山鸟语，和一卷卷水墨画。

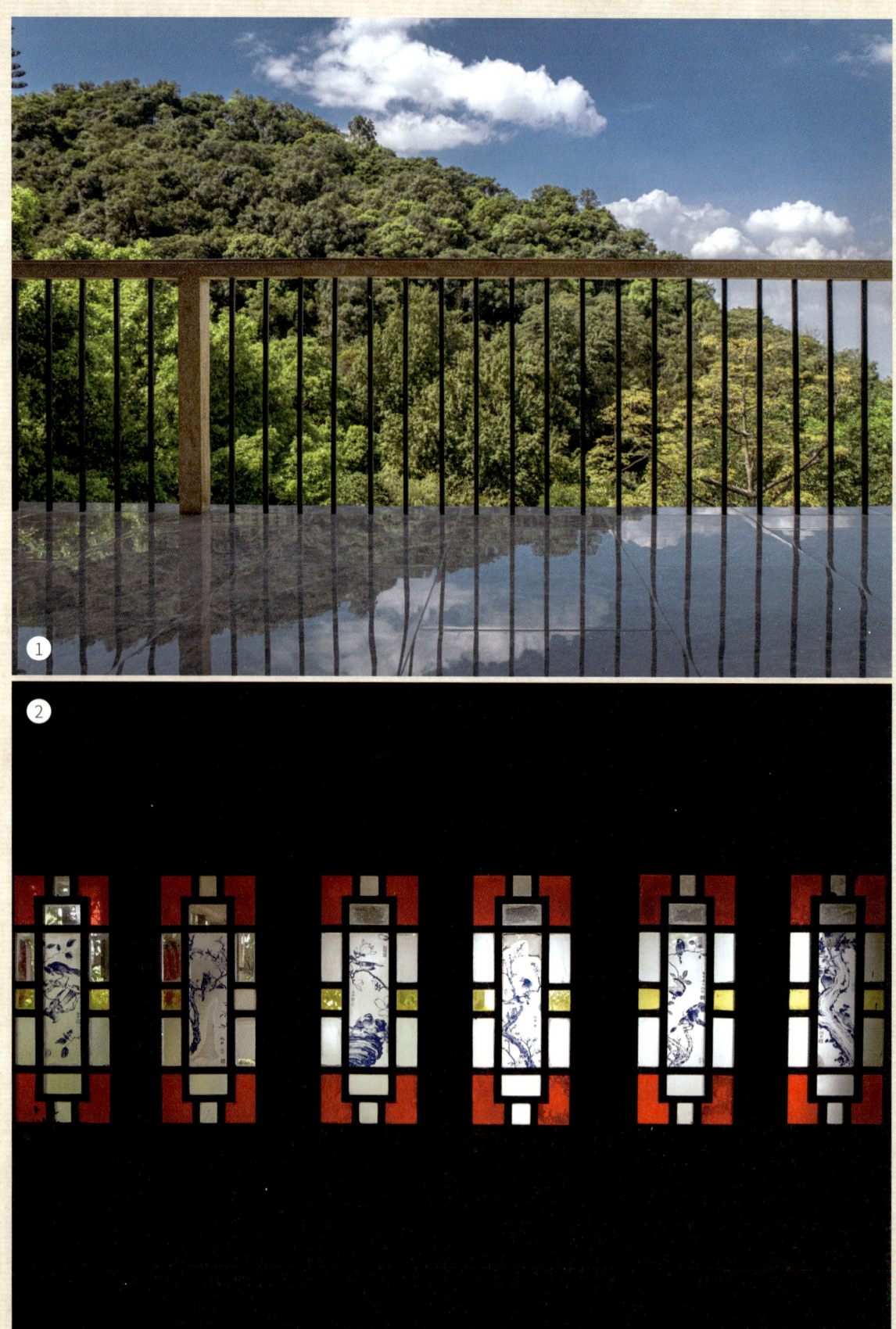

◎ 图注

①以线做框，一格格都是青山作的画。②以画做框，一扇扇都是静好的时光。

怀白云山房（明·孙蕡）

家住沧洲洲上山，数椽茅屋乱云间 // 天晴叠嶂开金碧，雨过清泉响佩环 // 高兴别来长寂寞，故人谁与共跻攀 // 洞门猿鹤应相问，何事先生久未还。

访白云书院（明·王渐逵）

白云奠南服，自古肇灵胜 // 一据浮图氏，遂堕空寂径 // 况沦二千年，人寰足深病 // 烈烈甘泉翁，书院烈以正 // 排云搆华宫，中天启元圣 // 兢兢诵法同，济济衣冠盛 // 我来慰一观，良朋翕相应 // 源泉酌清漪，大宇喜澄定 // 一杯洒空台，遥为山灵庆。

游蒲涧寺谒苏文忠崔清献二公祠（明·欧大任）

学士来从海上楼，师臣家在岭南州 // 白麻不起摇双佩，孔盖高悬望九旒 // 岩寺泉通蒲涧月，山庭云落菊坡秋 // 榴丹橘绿椒浆碧，吹得参差奉宴游。

登白云山顶其二（明·梁有誉）

石梁天畔驾晴霓，况复风光且杖藜 // 春霭树迷秦岭北，夕阳山满汉台西 // 数龛荒藓诸僧散，一径飞花独鸟啼 // 莫向尘寰嗟白发，好从灵峤问丹梯。

白云山作（明·李待问）

为挹仙踪拄碧筇，白云峰接紫云峰 // 山连罗嶂秋涵郭，寺挂流霞暮隐钟 // 落月未归珠树鹤，飞泉常护法池龙 // 蘼芜丹灶今何处，始忆神楼不易逢。

游白云和戴熙学使（清·张维屏）

经年旷幽寻，早旦果嘉约 // 还山云气凉，到寺泉声落 // 素心先后集，夙好在岩壑 // 飘飘蓬莱心，言访云中鹤 // 因沿蒲涧行，遂共饱樽酌 // 一轩拥万绿，红尘渺难著 // 高谈出烟霞，妙契入寥廓 // 安期古仙真，游戏海之乐 // 东坡谪岭南，人间一蓑翁 // 金丹有瓜枣，骑鲸何时逢 // 不如玉局新，万本传无穷 // 九原如可作，二者如何从 // 学人不学仙，我请师坡公 // 仙亦坡弟子，此境将毋同。

游蒲涧（清·戴熙）

夙慕濂泉水，因缘蒲涧流 // 长林挟飞濑，危响远危楼 // 凉风忽回薄，暗叶增飕飕 // 萧萧藤蔓雨，洒洒庭户秋 // 探奇惬遐赏，访道倾同游 // 清淡亦已洽，幽契真吾俦 // 傥是安期生，一遇难重求。

濂泉寺（清·王士禛）

闲随绿萝去，忽与碧溪逢 // 水石微通径，烟霞独倚筇 // 寺门编笋竹，磴道入云松 // 尚忆安期子，青天跨白龙。

景泰僧归（清·鉴传）

精舍绝尘氛，开门挹白云 // 松声天外合，山色望中分 // 樵语喧林薄，僧归乱鹿群 // 暮钟时送晚，万壑已斜曛。

夜宿山庄（当代·梁俨然）

无月无星夜未央，居然橐笔入宫墙 // 山庄外望萤光烁，步蹬遥闻桂子香 // 热茗三杯容品味，诗文百页费评量 // 编余案牍明灯亮，柔翰轻抛入梦乡。

第四章
云山有憩园

同刘朔斋游白云寺二首其一
宋·李昴英

勘破禅家最上关，掀髯朗笑响千山。
海门正涌冰轮出，昏鼓先催玉节还。
独上层巅风浩荡，归沿小涧石屠颜。
寻幽本是闲人事，聊复分君半日闲。

云山有憩园

营城两千年，白云山这座城中难得的青山，成为文豪接踵、神仙打架的名胜，安期生、浮丘公、葛洪、白玉蟾、崔与之、湛若水、虚云、苏曼殊……道、释、儒，三教共荣，在白云山上，皆有洞天，山如催生奇珍异卉的沃土。

在这些山中的空间穿插，去听一幕幕岁月足音。

能仁寺

第四章 公出行望园

云山上最大古刹 百年间传奇不断

能仁寺

能仁寺坐落于白云山南麓半山腰,初建于清咸丰、同治年间,初建时"茆屋数椽,仅避风雨",经多次修葺扩建,成为白云山上规模最大的名刹。民国时期,孙中山等政要、名士常来游览。

毁于战火之前,我们通过德国建筑师恩斯特·伯施曼所拍的资料图片可见,原能仁寺主殿整体建筑以分层筑石基地台的方式,来消解整体建筑层级向上的高差,作为主殿,则殿外的公共空间较窄,不利人流疏导。

1995年经复建后的能仁寺,设有大雄宝殿、慈云殿、六祖殿、地藏殿、金刚宝刹、玉虹泉、虎跑泉等功能建筑及古迹遗存,基本保留了原有的历史文脉。复建后的能仁寺,形成以殿堂为核心的院落,与周围自然融合,整体由开放的前庭和基本对称的群体建筑空间构成。

前庭空间依山势而建,利用原有的山溪,形成曲水流觞的充满流动律感的山泉格局,意境幽远。过寺门前水池、石桥,但见桥上题有"流云漂月"四字,传为昔日之玉虹桥旧迹。桥下流水湍急,直泻而下。寺中清泉,像大雄宝殿侧的虎跑泉、观音殿前甘露井仍在。

寺内建筑群体,主要采取以方形单元院落空间为基础的组合方式,沿纵向主轴线组成空间层次,并伴随主要建筑的排列顺序同步推进,从下到上,分别为天王殿、大雄宝殿、慈云殿等,两侧分列钟楼鼓楼各一。

建筑形制上,天王殿为三间二进歇山顶,大雄宝殿为七间三进式庑殿重檐,慈云殿为主三进歇山重檐式,整体比旧日主殿的硬山顶,更添几分华美、庄严气度。

殿与殿之间均按佛教建筑形式布置,层层递进又相互呼应,殿前院落又各有变化,整个建筑群,嵌进了大自然中,隐入山谷,遁出红尘。

◎ **图注**

①—④才20年时光,一间清幽庙宇在山中重新生长。⑤100年前,德国建筑师伯施曼记录下的能仁寺的主殿模样。

浸润儒道诗意和仙气

白云仙馆

◎ 图注

①当年出入城必经的白云仙馆，有过多少场迎来送往。②纯阳殿内，纯阳仙人聆听过多少七情六欲。③—④如今，红尘中的仙馆，仍是个出尘的所在。

白云山南侧的麓湖公园内有一座建于清嘉庆年间的道观，由清代"粤东三子"之一——黄培芳和道士江瀛涛倡建。

黄培芳是明代国子监祭酒黄佐的后人，黄佐地位尊崇，当年在白云山景泰寺旧址，开设过泰泉书院。黄培芳诗画俱佳，以藏书为乐，其藏书楼就是广东最为著名的藏书楼之一——岭海楼；江瀛涛则是罗浮山知名道人。粤东三子在白云山设有南雅堂，与广东学子结社、唱酬。

倡议者皆有声望，一时应和者众多，很快筹齐款项。建成之初，为广州文人雅士聚集之地。

广州民众，自晋代就有农历七月廿四上白云山礼拜郑安期仙人、摘菖蒲仙草、濯灵泉的风俗，每年倾城而去的广州人，多从白云仙馆旁的云径上山，经过姑嫂坟、长腰岭、百步梯、将军岭，再从能仁寺寺后上郑仙岩、郑仙庙。旧日殿馆颇轩昂。民初曾改为款客酒食之所，晴朗之时闲坐仙馆，以山泉泡茶，白酒黄鸡沙河粉，门庭若市。

仙馆前身，为葛仙道院。相传著名医药学家、道教学者葛洪曾在白云山炼丹讲道、为民治病，葛洪仙逝后，其弟子及乡人修建葛仙道院以纪念他。

此后几经兴废，1946年由广州三元宫、惠州罗浮山冲虚古观、南海西樵云泉仙观等岭南道侣和热心人士发起重建，原状维修，更名为"白云仙馆"，开始供奉吕祖。

吕洞宾的吕祖道坛，多由士绅富商发起，其弟子则包括了社会各个阶层，以扶鸾降乩的形式获取神旨。吕祖道坛修建善堂，赠衣施药，多行善事，在天灾人祸轮番来袭的民国时期，活人无数，实可载入历史。

1984年初，广州市政府拨款重修白云仙馆，重新开放供人们参观。重建后的白云仙馆建筑古朴雅致，整座仙馆耸立在高台之上，白云仙馆的建筑多为石材，其中高坡由大理石围脚，门额"白云仙馆"四字，由番禺翰林张学华题写，过了牌坊就是正门，门上石柱刻对联"香火千年祖庭瞻仰；白云四面仙客栖迟"。经过天井，进入大殿。门上对联为"从古白云多蒲涧；几番沧海又桑田"，仙馆旁的云径已无踪，来礼吕祖的，又是一拨新面孔。

①

②

文脉绵长之地，滋养轻盈灵秀之筑

双溪别墅

③ ④

◎ 图注

①—④整个建筑群依山势布列，隐于山林而处处得自然之景。

新中国成立以后，邻近港澳、且拥有海上丝绸之路2000年外贸史的古城广州，成为当时极为重要的对外窗口。随着1953年华南土特产展览交流大会和1957年的中国出口商品交易会（广交会）先后取得瞩目的成绩，各种交流日益增多，在这样的时代大背景下，广州需要更多既能体现岭南特色，又能传递时代气息的接待用的宾馆、酒店，选址上要求环境清幽、交通便利，以照顾外事活动的需求。白云山上双溪别墅、山庄旅舍，都是这个时期的杰出代表。

这两处的建筑，都由岭南建筑学派的建筑大师们担纲，之所以历60年而不觉落伍，反随时间之功力，使建筑与园林与自然的互动更添生趣，这当中，有功底深厚的建筑师、园林设计师之功，也得益于当时广东省委书记陶铸和主管城市建设的广州副市长林西的格局与审美，陶铸看中的是建筑所在地上月溪寺、云淙别业、苏家山等的历史文脉，而林西则提出亚热带城市的建设要发挥园林绿化优势的明确思路，以及园林建筑"通透、轻巧、明朗"的审美要求。

此时，岭南建筑学派的泰斗莫伯治已完成了泮溪酒家、北园酒家等早期更为师法古典的建筑；而另一位设计师郑祖良则已出色完成了广州起义烈士陵园、流花湖公园、荔湾湖公园、东山湖公园和兰圃的设计建设工作；莫伯治、郑祖良、吴威亮、金泽光等建筑大师，在探索求证新中国建筑和构建国家认同过程中，以双溪别墅给出了出色的答卷——

从1958年成立白云山建设管理处，到1963年双溪别墅建成只有五年时间，白云山的山林尚未成形，60年过去，建筑便如"长"在山林里：建筑小聚落依山泉走势和山丘起伏，形成三级台地，以石砌的台阶上下连接。

过了山门，第一级是半月形的放生池，第二级是五宝古泉，最上层，甲乙两处别墅沿月溪东西分布，先到达的是由莫伯治主持设计的乙座别墅，从石阶上引混凝土小桥接入，整座别墅于毛石墙体之上砌筑敞厅，阳台向南悬挑而出伸入林木之中，转角无立柱，通透无窗，形成巨大开敞景框，直面漫山绿意；花架轻盈通透，将空间进行软性分隔；望山邻水，犹如住在画中。郑祖良设计的甲座别墅是四开间，通过平屋顶的间隔退让，形成露天小院，园中有院，自成天地。三个房间面向小院均设有通透的玻璃隔扇，满园春色尽收眼底，在此处回望整组建筑，蜿蜒而下，如和应月溪叮咚。

千年因缘苏家山，百年续传奇

山庄旅舍

◎ 图注

①—③林中的花木、题字，都给建筑本身添加了知性之美。④鸟瞰山庄，被青葱山林环抱。⑤—⑥设计师如有神助，仿佛早料到了今天建筑群落静美之韵。⑦—⑧一草一木，都有故事。

双溪别墅建成后，未几同样由岭南建筑学派的大师莫伯治主笔设计的山庄旅舍也投入使用。

地形上，山庄旅舍地处谷口，地势前倚路后据山，向后缓缓起伏。入口是一池清泉，餐厅倚泉而建。两侧高大的枫香树在通往山庄的道路长成绿色券廊，穿过绿廊，山茶满园，最深处是山庄的入口。

整个建筑群以游廊相连，一级级向西南蜿蜒向上，外院有园景，内院花木繁茂，自成景观独成天地，后院接连青葱山谷，从动到静到幽，巧妙地以天然山谷和山林借势和借景，同时形成动静分区。

既有了天生的好底子，整体建筑仅用钢筋混凝土平顶、白色结合砌石、水泥天花等等简朴的建材，体现连接自然的质朴质感。庭园多用景框、敞口厅、落地屏门等手法将园景和山林景观引入室内，室内即见山林，有虚有实，内外皆有景可赏。

整体建筑开敞又轻盈，简洁大方，实现了新中国建立之初经济困难的情况下，建筑轻盈灵动、园林错落有韵、造价接地气之间的平衡。

山庄建成当年，周恩来和陈毅两位国家领导人在此与印度尼西亚外长苏班德里约会晤。邓小平在广州考察时，曾入住山庄旅舍，推窗欣见满园锦绣，未几，中国自信地敞开国门。两次入住山庄的董必武，为山庄留下两处墨宝：大门处的"山庄旅舍"题名和描写白云山的经典诗句"绿树多生意，白云无尽时"，"生意"二字，既指生机勃勃的满山绿意，又贴合广州千年商都的商业文化传承，博得满堂喝彩。朱德元帅题的"锦绣南天"今天仍挂于山庄前门。

山庄的另一看点，是庭院内的植物。山庄内花树众多，四季皆有花香满园：游廊都被紫藤环绕，内庭园林以从北京故宫御花园移植过来的玉堂春（二乔玉兰）为主角，春开满堂似紫气东来。还有当年陶铸手植的禾雀花、米兰至今生机盎然。杨桃、海桐、丹桂、山茶、杜鹃花、铁冬青……春有繁花，秋则果红桂香，每一季，皆有花；每一径，皆有香。

第四章 云山有憩园

讲述千年的岭南文学长篇诗卷

白云寺

◎ 图注

①广州碑林牌坊。②九龙泉。③九龙泉眺望广州城。④广州碑林仙墨轩。⑤九龙泉龙柱。⑥白云古寺遗迹。

秦时的井、南汉的寺、明时的书院、清时的诗堂……时空交叠主角轮番精彩,全在此处。

井是九龙泉,郑安期飞仙之前,在山中采药,苦无解渴清泉,得九条小龙相助,仙泉涌出。泉水甘美,城中诸子,曾以能喝上为傲,至今泉水不竭。

寺是白云寺,传为南汉时实性和尚奉敕建(一说是宋转运使陶定所建),是白云山三大名刹(景泰寺、蒲涧寺、白云寺)中最高的一座。

白云寺侧明初"南园五子"之首的孙蕡建有"白云山房",一度南国诗文,光芒绽放。

明代进士张璝见到的白云寺,是这样的"石磴盘空山寺高""云廊钟动寺门开""梵宇峨峨出半天",很是气势磅礴、规模宏大。不过百年,国子监祭酒黄佐的高足黎民表看到的白云寺,已是"层栏蚀金碧,古瓦鼯窜鼠",颓象已现。

又再过数十年,明代三部尚书湛若水师生,觅地建书院时,白云寺已成颓瓦,一众师生,站在白云寺旧时寺基之上,西侧是兵部侍郎黄衷的书院,东侧是黄佐的泰泉书院,独此峰最高,能览众山小,能见海天阔。旧寺还遗有古橘树三株,株株繁花盛放,花朵洁白圆润,如万颗珍珠缀树,湛先生高兴,认为白云山有瑞气。

再后来,"粤东三子"张维屏、黄培芳、谭敬昭在此建南雅堂,此处成为岭南文人向往的雅集胜地。

清朝覆灭后的民国九年,军阀龙济光拆毁白云寺砖,以古砖修筑炮台,古刹不存。此时白云山划归国立中山大学管辖,校长许崇清得知后发愿协助重建,当时各界名流纷纷出钱出力,白云寺得以重建,可惜未几再度毁于日寇炮火,只剩几处断垣。

1992年广州碑林项目开建,苏东坡在白云山采仙草的那首《广州蒲涧寺》,湛若水之师、大儒陈献章的墨迹诗刻《应试后作》,黄佐的《白云山赋》,张维屏、梁佩兰等等的诗卷,连同那口千年不绝的九龙泉水,将千年悠悠白云故事,一一展现。

云山仙缘由此起，仙人驾鹤处

郑仙祠

◎ 图注

①郑仙岩畔的郑仙祠，独是一处红尘不到的清静地。②从祠后望山谷，常是雾霭绵延。③—④郑仙采撷菖蒲的旧址，至今游人不断。

千岁翁郑安期在白云山采药解百姓时疫，坠崖驾鹤飞仙后，百姓时时感念。到了晋代，率真而廉洁的罗友出任广州刺史，罗爱寄情山水，常登白云山览胜，听说了这感人故事，便倡导七月二十五日郑仙登仙之日，定为郑仙诞、鳌头会，兴建郑仙祠，号召百姓上山礼拜郑仙。

从此，到白云山上过郑仙诞，很长一段时间里，便成了广州人每年兴高采烈必过的佳节。

明崇祯年间山人苏秩鼎筹资兴建郑仙庙，建于云岩（郑仙岩）边。同治五年五月，晚清名儒陈澧，送巡抚郭嵩焘北上，在郑仙祠设宴当日，丁日昌等作陪，一群人还合影留念。不久之后，丁日昌便开始向李鸿章上书，请求实现自己的新海防构想，事不在人为，终是功亏一篑。

云岩侧面，曾名"叶氏山庄"。叶氏云谷名梦龙，南海人氏，父亲名廷勋，中年弃学从商，十三行的大行商，收入颇丰，凭沿河赈粮、捐献朝廷，获封盐运使，三品职衔。廷勋三子：梦麟、梦龙、梦鲲，均在清廷当官，廷勋爱写诗，常与文士们（如黎简、伊秉绶等）交往、唱和。

嘉庆十七年廷勋病逝，年54岁，伊秉绶撰写叶廷勋墓表，墓表现存于云岩侧旁。

进入民国，1922年，陈炯明发动叛变，5月时曾在白云山郑仙祠中，召开军事秘密会议，做出了"焚毁总统府""捕杀大总统""得手后诈称奸徒作乱并枪杀下级军官二、三名为掩饰"的凶险部署。

不到一年时间，1923年初，孙中山策动滇桂军各部向粤境发动对叛军陈炯明的进攻，陈炯明被逐出广州。3月，孙中山正式成立陆海军大元帅大本营。1924年5月，孙中山携国民党中央军事部长、建国粤军总司令许崇智，大元帅大本营秘书长古应芬游览白云山，参观了能仁寺，巧的是还去了趟郑仙祠。

世事，总如谜般精彩。

第四章 云山有憩园

以乐符把炽爱，献给这片土地

◎ 图注

①星海园内层层台阶上，冼星海雕像庄严肃穆。②位于麓湖公园内的星海园，是为纪念伟大音乐家冼星海而建。③星海园内，正沉浸在创作中的冼星海之雕像。④麓湖公园聚芳园内的马思聪及其不朽佳作《思乡曲》的雕像。

　　白云山风景名胜区南端的麓湖公园，以麓湖而得名，麓湖湖面面积21万平方米，是1958年，为根治水患，由广州市政府发动市民义务劳动，挖湖筑堤而成。因位于白云山南麓而得名。

　　在麓湖西岸，有一座占地约1.5万平方米的星海园，1985年，由广东省音乐家协会和广州市人民政府筹集资金，为纪念伟大的人民音乐家冼星海修建。

　　星海园于1985年12月1日建成，同日举行了冼星海骨灰迁葬仪式。1995年星海园被广州市命名为首批"爱国主义教育基地"。园中冼星墓为革命纪念建筑物、广州市重点文物保护单位。

　　园内有冼星海的纪念碑、墓道、塑像、纪念馆和纪念廊等设施，70米长的墓道和宽阔的平台气象轩昂，墓道前树立着黄腊石纪念碑，碑上刻毛泽东题词："为人民的音乐家冼星海同志致哀"；褐红色的大理石基座上安放着冼星海半身塑像庄严肃穆；基座底安放有冼星海同志的部分骨灰；葱翠的松柏环绕全园，使星海园显得宁谧、庄重。园内还设有300平方米的陈列室，展出了冼星海的生平事迹。

　　冼星海创作了大量具有战斗性和感染力的群众歌曲，《救国军歌》《只怕不抵抗》《游击军歌》《到敌人后方去》《在太行山上》等各种类型的声乐作品，还创作了《黄河大合唱》《生产大合唱》等不朽名作，提振了民族精神，成为中华民族抗敌救国的精神武器。

　　在冼星海魂归白云山的两年之后，冼在巴黎结识的我国另一位音乐巨匠马思聪则在美国因病去世。

　　马思聪生于广东海丰，从抗日战争期间到新中国成立初期，马思聪创作了许多不朽的佳作，如他本人作曲、郭沫若作词的《中国少年先锋队队歌》，至今仍影响深远。20世纪60年代，马思聪移居美国，1987年5月，在美国因病去世。2007年12月，马思聪夫妇的骨灰远渡重洋，归葬故乡，长眠于麓湖公园的聚芳园。

　　都说麓湖公园是"一山环秀水，半岭隐涛声"，原来是隐去水涛和松涛，来听悠悠爱国谣。

113

1

2

苏家山

青山深处，苏氏宗族的岭南情缘

山庄旅舍的前身是月溪寺，在它的后山上坐落着一座保存较好的古墓，它的主人也是月溪寺的主人，古墓的历史很长，影响也很深远，所在的山也因它名为"苏家山"。

这座古墓的主人，是北宋绍宗年间太尉、右丞相，大文豪苏东坡之孙苏绍箕，他年幼随家人隐居广东南雄珠玑巷，后官至太尉，遇兵乱携家人南下，隐居白云山，在山中建月溪寺。他以苏晴川之名在顺德碧江大量购置田产，并安排一子世矩居碧江，另一子世度居广州。800多年来，苏绍箕开族于顺德碧江、广州车陂，后代足迹遍布全广东，宗族枝繁叶茂。苏太尉去世后，葬于月溪寺后山。后来，月溪寺被改建成山庄旅舍，服务过不少中外贵宾，被誉为"广州国宾馆"。

广州苏氏后人多居于广州车陂乡，并建有五百多年历史的晴川苏公祠，而顺德碧江的苏氏大宗庙，又名"种德堂"，更是堪称广东宗祠中的翘楚，这些都是为纪念苏公所建。清嘉庆二十五年（1820年）苏绍箕墓曾大规模重修，但在战乱期间不幸受损。

鲜为人知的是，在20世纪60至70年代，苏家山及山庄旅舍幸得解放军部队驻守，及各级政府关注，避免再受损毁，直到改革开放前夕驻军撤离，将苏家山的管理权移交回地方。到了90年代，广东各地苏氏后人集资修建苏太尉墓，如今此墓大部为复原构件，原构件多受战火摧毁。重修后的苏绍箕墓，虽然规模不如最初庞大，但仍是广州市文物保护单位。苏太尉墓风水极佳，占据白云山宝地，远处有秀峰如屏，墓地上方立有后土神碑，华表雄伟。

每年逢清明祭祀期间，都有大批苏家后人进山，祭拜祖先，感怀先祖。

○ 图注
①—②苏家山。③惠州东坡纪念馆移植到山庄旅舍的荔枝树。④—⑤苏家山上的苏绍箕之墓。

①

②

第四章 云山有憩园

白云深处，山林与羊城禅林的慈悲相承

祖师墓园

◎ **图注**

①海幢寺祖师墓群随山势遍布在绿荫环绕的白云山蝴蝶岭中。②海幢寺光半、池月祖师塔。③沿台阶攀升，两侧分布祖师墓。④祖师墓两端抱鼓石，可见岁月的痕迹。⑤通往六榕寺祖师墓园的石桥。

20世纪80年代初，六榕寺方丈云峰大师循着信众提供的线索前往白云山沙河附近，发现了平面方形的广州莲池寺普同塔。自六榕寺开山以来，寺僧圆寂后依佛教传统火化，从民间风俗，在坟地建立墓塔，并竖碑纪念，这段历史可以上溯至梁大同三年，然此墓塔却多次寻找无果。

1986年，在市文物管理委员会的帮助与各种机缘巧合之下，消失了几十年的六榕祖师墓群在白云山柯子岭和顺岗里，于山麓深处重现世人的眼前。

六榕寺祖师墓园，现存面积2000多平方米，为坐北朝南的大型和尚墓塔坟群，是广州目前保存规模最大、数量最多的佛教墓塔群，原有历代住持僧人等墓塔100多个，在20世纪60年代后期遭破坏。经修葺整理，现存5座坛环形墓，2座环形孖墓，46座墓塔，及七位祖师的合墓等。修整后的墓塔园，阒然古雅，历代祖师的灵塔依山林立，肃穆祥和。1993年8月公布为文物保护单位。

自从六榕寺祖师墓被发现后，海幢寺、华林寺于白云山上的祖师墓也陆续被寻找发现并修缮完毕。

其中曾一度荒芜的海幢寺祖师墓群位于白云山金鼓岗蝴蝶岭，建于明清时期。1996年，由海幢寺住持新成大和尚住持维修，现墓群坐东北朝西南，山峦环抱，共26座山手墓，墓群布局规整。墓园入口处筑十一级台阶，两侧设垂带和一对石狮，石狮立于刻有"海幢"两字的方形石柱上。台阶后的宽广平台上，是海幢寺光半、池月开山祖师塔，每年白云山上浓黛新绿的清明时节，有弟子及信众前往拜祭。

寻常日子，墓园阒然静寂，万物相续，墓园塔林的祖师们以寂灭为身常，用慈悲为化迹，默默提示世间碌碌的人们，时间再长，也归刹那，三尺之内，世界广大，放下纷争与焦虑，见本心、见天地，宛如云起见慧，花开见佛。

①

②

每有书写百年新气象者，好让你我享福荫

在白云山名刹能仁寺山后，有一座不起眼的小墓园，虽然墓园规模小，但它的主人是清代广东人中官职最高的一位朝廷重臣——戴鸿慈。

戴鸿慈，广东南海西樵人，光绪二年入仕途，官至协办大学士，相当于现在的国家总理、副总理。戴鸿慈体恤民情，常为民请命，在赴欧美大国考察之后，眼界大开，大力主张改革，是清末具有开放思想的大臣。

戴鸿慈卒于宣统二年（1910年），谥"文诚"，死后归葬白云山。整座墓坐北朝南，为花岗石抄手墓。这座小小的墓园质朴、内敛，稍不注意便会被游人忽视。在1993年8月9日被列为广州市第四批文物保护单位。

与戴鸿慈墓相比，位于白云山双溪别墅后青龙岗上的卢廉若墓，其气势恢宏、保存极为完整。这座墓的主人是澳门著名的慈善家和教育家卢廉若，其父卢华绍，久居澳门，享有盛誉，清室封他为荣禄大夫。卢廉若，生于广东新会乡间，在乡中倡导办学，后迁居澳门，继承父业。清末，卢廉若与人筹资，创办澳门孔教学校，招纳贫苦少年入学。1927年病逝于澳门，其遗体由澳门船运至广州白云山安葬。

规模雄伟的卢廉若墓，是白云山上现存最大的墓葬，为省级文物保护单位。

◎ 图注
①—②澳门巨贾卢廉若，却以教育与慈善之名传世，墓地规格亦相当高。
③—④清末名臣戴鸿慈之墓，可以眺望山谷。

第五章
云山俗世欢

秋日游蒲涧赠丁戊山人二首
明·梁有誉

紫岩曲曲隐晴天,万壑凉生珠箔前。
访古时攀偃蹇树,谈虚独饮冷清泉。
迹缘遁世寻三秀,心为逃名得四禅。
一自白鸾飞去后,到来应是几千年。

云山俗世欢

南朝王孙萧誉曾向景泰僧抱怨白云山上无水,僧说:草木葱茏,定是有水的,只是待细心去找到泉口,然后顿锡杖入地,得了一口千年不断的清泉;郑安期得神龙助力,得千年不竭九龙泉;甘溪,月溪、蒲涧、五宝泉……得了水的滋养,云山有灵。灵水清洌,烹菜肴茶点皆甘美,惹人相思入魂。

更入魂的是行一程山路,敬神祈福,登高望远,家在广州,广州中心有座白云山,真好。

听泉观岚，山茶一壶话平生

◎ 图注

①—⑤得闲上白云山饮茶，山庄旅舍！不见不散！

第五章 云山俗世欢

云山泉水，一城食脉

⑥

"从来名士能评水"，明朝探花黄谏就是好品泉、能评水的名士，被贬谪广州后，品尝岭南各地泉水，写下《广州水记》，将广州泉、井、涧的水质分十等，以白云山的为最多最好："学士泉第一，九龙泉、泰泉第二、蒲涧帘泉第三……"前三名皆是白云山的泉。

学士泉即白云山飞鹅岭下的鸡扒井。至于九龙泉、蒲涧帘泉，自古得盛名，每一寸的甘洌清甜里都写满故事与传说。从前老广们爱上山取水，带回家中煮茶、煮饭、煲汤、烹饪菜肴……一代一代口口相传：用山泉水烹饪、煲汤、煮茶，清冽顺滑，温软甘甜，口感细腻。

其中，白云山泉极尽"羊城第一秀"之炫水食事，是百年前，陶陶居开业之时。

从前，广州茶楼和酒楼划分得泾渭分明，茶楼只经营早午茶市、点心和龙凤礼品，不经营饭市和包办筵席，而酒楼则只经营饭市、包办筵席、不做茶市和点心。而最早把茶楼和酒楼结合在一起开的，是陶陶居。

陶陶居开业之时，每天接载白云山九龙泉水，拉入市区后，改用数十人以红色扁担挑红色木桶，桶上漆"陶陶居""九龙泉水"字样，列队招摇过市，遂成全城热谈。彼时有云："陶陶烹茶，瓦鼎陶炉，文火红炭，别饶风味。"小火炉上的陶煲沸煮九龙泉水，茶盅里是自选的好茶，专人侍候于侧，是谓水滚茶靓。时至今日，水滚茶靓已是广州人饮茶的代名词。

一场招摇食事，撩起全城孜孜谈资。

事实上，广州人从不辜负大自然的馈赠，在白云山上，有无数流泻于森林草木岩石中的泉水和溪涧，汩汩沥沥，流淌时带上了草木芬芳以及各种丰富的微量元素、矿物质，当这一年四季流动的自然之气融入食材中，广州人敏锐细致的味蕾、山泉美食的情意结便会得到确实的熨帖与抚慰。

由于这一城的人们世代对美食热爱犹如血脉相承，如今漫步白云山，依然可以品尝到曾经的名泉名流造就的经典山水美食。

白云猪手是盛名遐迩的白云山传统美食。传说山上有座庙，庙里有一馋嘴小沙弥，为避人耳目，私藏猪手于寺后山溪，数日后捞出，

第五章 云山俗世欢

山泉甘冽，方使汤羹菜肴清润顺滑，
浅浅味，却有无穷韵

发现非但不腐，反而越发白净可人，于是加糖加白醋烹之，味道酸中带甜，猪皮爽滑脆弹，堪称一只清新脱俗的猪手，遂美味传全城。

坊间茶肆的传说可博君一笑，食物味美，已极幸福，何况白云猪手确实有白云山泉水事，用山泉水泡制出来的白云猪手，皮光肉滑，玉泽珠光，晶莹美白，山泉水丰富的矿物质和碱性或有白化作用，同时亦与水流是"活水"冲洗有关，让沉淀的杂质和血水被流水带走，猪手才会呈现雪白肤质。

如果遇上做得好的白云猪手，更是胶质感满满，却又不肥不腻，皮脆肉爽，脱骨轻易，冰冰凉凉，酸酸甜甜，丰腴清爽，汁水饱满，弹牙得每一口都在呼唤多巴胺的分泌，极之愉悦，是市民们到白云山游玩必尝的本土美食之一。

白云山泉水清洌洁净，因而制作出来的豆腐尤其滑如凝脂，细腻轻柔，鲜香幼嫩，如温香软玉入口。"山水豆腐花"是唇齿留香的甜品，各种煲、煎、煮、炖山水豆腐是回味无穷的风味佳肴。

山上亦有泉水蒸鲩鱼，鲩鱼以山泉养以时日，再以山泉水浸熟或蒸之，鲩鱼肉质鲜甜嫩滑，柔润无土腥味，鱼肉嫩嫩颤颤至唇边，一吮入口，鲜甜涌起，绵滑之极。

山下则有源于山脚沙河镇而得名的沙河粉。沙河粉传统制作工艺，最重要的是四点：用水、选米、磨浆、蒸粉，用白云山泉水浸米研磨，化米成浆，能更好地制作出"薄而透明，韧而爽滑"的沙河粉。目前，沙河粉传统制作技艺已列入第五批国家级非遗代表性项目名录。

充沛清甜的山泉水，让白云山有了千古流芳的润泽与灵气，滋养了山间的生灵，也像连接历代钟灵毓秀一样，连接了一城人的美食基因：山水之美，动人，动心，食指大动。

◎ 图注

①山泉水浸的白云猪手，酸甜鲜脆，必吃！②无骨鸭掌，鲜爽入味，一试难忘。③山泉渍的萝卜，酱液涌于齿颊，菜根也有百味。④山水豆腐花，丝般细滑。⑤泉水浸鲜百合，清浅的甜，无穷的味。⑥各种泉水老火汤，清澈，甘美。

秋日高远，倾城人潮香火成云烟

第五章 云山俗世欢

自广州开城以来，每逢过节，城中胜景——白云山必定人如潮涌，但论最热闹的节日，仍是自晋代以来就盛行的鳌头会。

自秦代方士郑安期为解广州时疫，在采摘除疫添寿的九节菖蒲坠崖驾鹤仙去之后，感人事迹广为传播，时有民众自发拜祭郑仙。到了晋代，广州来了一位《世说新语》里有记录的有趣人物——广州刺史罗友，这位不拘小节却记性奇好、为官清廉的刺史大人，相传正是他将七月廿五日郑仙飞升之日，定为郑仙诞，又称之为鳌头会、白云诞，让全城百姓，在这里一天上山拜郑仙、采菖蒲、浴灵泉、求夙愿，如明末清初大家屈大均在《广东新语》记述广州时序时说："二十五为安期飞升日，往蒲涧采蒲，濯蕲蕲水。"

不少文人记录过郑仙诞当天，广州城的男女老幼在白云山游玩、祈福的盛况：

比如说，宋代著名诗人杨万里在《游白云山蒲涧》诗中有句云："至今七月二十五，倾城游人来访古。"诗人这一天爬山，又累又饿又兴奋；清代粤籍举人钟启韶在《七月廿四游白云山题白云寺壁》，却在人潮中，觅得幽清处，得人生之大感悟"如梦幻中忘去往，最虚无处有神仙"，与郑仙，隔千余年后成为知己；清人伍士楷在《七月二十四日游白云寺归饮云泉山馆》里，倒异常清醒："诞日香火烟，郁为松上云"——山上敬奉神仙的香火是旺，一团一团，就像松上的云朵，"游人事幻妄，岂识云中君"——但人人怀着虚妄的信念，又如何认识神仙呢？

南宋金丹派南宗创始人白玉蟾也是在郑仙诞登上了白云山，他虽认为彼时人山人海的白云山，早已不是郑仙、葛洪时期的清修之地，但在《景泰晚眺》里，他保持着情绪的稳定，视线跳过人海望向南边的大海"潮花人鬓白，山色佛头青"，脚都插不进的人潮，

◎ 图注

①—⑥曾经有一段时间，因为郑仙诞与重阳节时间相近，于是两节合并，后来才发现，老广们对郑仙的敬爱，是刻在DNA里的，这些年，千年郑仙诞回归！

第五章 云山俗世欢

偏他抬头向天向山"夕照雌黄笔，秋烟水墨屏"，最终他转头向郑仙更清幽的另一处道场——罗浮山而去。

对于生生不息的广州人而言，郑仙诞就是向郑仙致敬、沐浴白云山的灵泉和仙气，寄托美好心愿的重要日子，这个重要的民俗活动，给郑仙诞添了熙熙攘攘的人间烟火气。

这种烟火气，让白云山这座文人笔墨下的仙山，多了几分人情味，有份编撰《广东通志》的南明举人王鸣雷的《题蒲涧寺》说寺僧"菖蒲五月剪，分施近城村"，多有情的僧人。人有情，山便可回味。

除了郑仙诞，同样人山人海的还有重阳节，《广东新语》有记载："（九月）九日载花糕萸酒，登五层楼、双塔，放响弓鹞。"不拘哪座塔哪座山，只取登高转运之意，而响弓鹞是一种会鸣响的风筝，放得越高，意味着"时运"越好。民间有谚："重阳登高放纸鸢，千灾万祸一齐消。"老广们往往提前一天即登山，在山上席地守夜，谓吸天地之灵，看完重阳当天的红日，不必放响弓鹞，全程举风车转运，往郑仙祠和各寺庙道观，多添香火，拜得神多自有神庇佑，来年，必是万事胜意的岁月。

白云山的重阳到底有多热闹，来看清代举人刘熊重阳登白云山的这首诗名——《重阳前一夕罗星垣熊晓村桂儿松儿宿白云寺示净法上人》，题目里一行数人，何其欢乐！在他的另一首诗《初秋游濂泉寺》中，倒是再次提到"谢屐倘能还有约，萸囊菊酒又重酒"，重阳登高之乐，根本停不下来。

正因登山者众，孙中山原本计划趁重阳人来人往，容易混迹，组织同盟会精干在白云山起义。

重阳除了登高祈福，还有一支进山扫墓的队伍，如苏东坡之孙苏绍箕的后人，虽分出顺德碧江和天河车陂两支，每到重阳，必要亲来白云山的苏家山祭祖，在某条路上，留出了一条山径专给苏家后人，以敬鲜花与心香。

白云山的高，正好让城中人抽离忙碌，回到山林的怀抱，在山巅回望车水马龙的俗世幸福。

出尘不出城，吸饱了天地之灵，重新做一个快乐的俗世之人。

◎ 图注

①广州人爱在重阳节前一晚上，爬上白云山，席地吸一晚天地仙气，迎接重阳的朝霞。②—③转运风车、敬香祈福，是重阳登高的仪式感。④—⑤人从众的重阳节，挤挤才热闹。

本书收录了众多机构和摄影师提供的精彩图片，在此表达感谢。
We would like to express our gratitude to the organizations and photographers who have provided wonderful images for this book.

文字作者： 史丹妮　焦慧　莫尔多姿　翁琳　朱茵　姚烙雯　李茵楠　黄敏加　静萱

摄影作者： 耳东尘　史丹妮

插画作者： 柯冠华　邓海斐　麦紫然　李梓豪　廖倩怡

排版设计： 柯冠华　温日荧

读山、听史、观自然
白云山科普丛书

生态篇

万物生，一个家

广州市白云山风景名胜区管理局 编

SPM 南方传媒 | 花城出版社

中国·广州

图书在版编目（CIP）数据

读山、听史、观自然：白云山科普丛书．生态篇：万物生，一个家 / 广州市白云山风景名胜区管理局编．-- 广州：花城出版社，2023.12
ISBN 978-7-5749-0106-3

Ⅰ．①读… Ⅱ．①广… Ⅲ．①白云山－生态环境建设－研究 Ⅳ．①K928.3

中国国家版本馆CIP数据核字(2023)第220491号

出 版 人：张 懿
责任编辑：陈诗泳
责任校对：李道学
技术编辑：凌春梅
装帧设计：广州市耳文广告有限责任公司

书　　名	读山、听史、观自然——白云山科普丛书·生态篇：万物生，一个家 DU SHAN, TING SHI, GUAN ZIRAN——BAIYUN SHAN KEPU CONGSHU SHENGTAI PIAN: WANWU SHENG, YI GE JIA
出版发行	花城出版社 （广州市环市东路水荫路11号）
经　　销	全国新华书店
印　　刷	佛山市迎高彩印有限公司 （佛山市顺德区陈村镇广隆工业区兴业七路9号）
开　　本	787毫米×1092毫米　16开
印　　张	9.75
字　　数	175,000字
版　　次	2023年12月第1版　2023年12月第1次印刷
定　　价	198.00元（全三册）

如发现印装质量问题，请直接与印刷厂联系调换。
购书热线：020-37604658　37602954
花城出版社网站：http：//www.fcph.com.cn

读山、听史、观自然——白云山科普丛书·生态篇：万物生，一个家

策　　划：广州市白云山风景名胜区管理局
主　　编：乔永慧　王昱
副 主 编：罗诚　刘友发　王爱军　潘志权　王晓莉
编　　委：陈国樑　魏玲　曹毅　张希毓　汪张跃　李鹏　张曦
文字编辑：李宏强　林燕　殷亦佳　杨城　黄嘉聪　史丹妮　焦慧
　　　　　姿十四郎　翁琳　林丹　朱茵　梁倩
学术顾问：洪宏志　张继方　焦慧　高梓超　谭兆武
图片编辑：耳东尘　柯冠华　温日荧
美术编辑：广州市耳文广告有限责任公司

万物生，一个家

　　自 1958 年起，广州市政府批准成立白云山建设管理处，推动生态恢复和景区建设，历尽沧桑、曾颓败成荒山和坟山的白云山，在 60 余年间，广植草木，荒山复绿，清溪复流，羊城第一名山之秀美，方得复现。

　　到广州市政府开启"青山、碧水、蓝天工程"后，白云山已成林木丰美、青峰接连之青山、云山。

　　1996 年，原白云山建设管理处升级为白云山风景名胜区管理局后，长期、持续的系统性林分改造全面展开。

　　2003 年 6 月，广州市白云山"林相改造"验收总结大会召开，彼时的白云山，已实现"山幽、林绿、水清、气爽"，园区内 20 余平方千米的青山连绵碧水环绕，可闻鸟鸣、可见蝶舞、可嗅花香，不负"国家重点风景名胜区"之荣耀。

　　山林经过多年的生息和滋养，凭大自然的休养，再加上爱山之人群策群力的奉献，白云山上，人工种植加上原生的植物品种早已过千。植物布局的丰富多元，让白云山四季花果不断，连绵云山也成为许多动物四季不打烊的"免费食堂"——截止至 2023 年 12 月，记录到的鸟类有 206 种、爬行类动物 30 种，两栖类动物 14 种，昆虫 296 种、哺乳动物 20 种。陆生野生脊椎动物（鸟类、兽类、两栖类和爬行类）中有国家级及省级重点保护动物 65 种，包括国家Ⅰ级重点保护动物 1 种，即白肩雕；国家Ⅱ级重点保护动物 43 种，如白鹇、游隼、蛇雕、豹猫、虎纹蛙等；成为人口过千万的超大城市——广州尤为珍贵的都市绿洲。

　　万物渐生，物种清单日渐增长，今天，白云山已然成为广州人身边的生物宝库，连接 30 多座山峰的大路和小径，成为广州人拥抱自然、阅读自然极为理想的自然教育径。

　　在徜徉云山美景、了解云山历史之后，不妨放轻脚步，放慢步伐，去看、去听、去学习，更多地了解白云山这个大家庭中，各种可可爱爱的"家庭成员"，白云山，就是一本读不完的大自然之书。

　　这本读不完的云山之书，将会滋养着我们的身心，很久，很久。

目录
CONTENTS

万物生 一个家

读山、听史、观自然
白云山科普丛书
生态篇

序

在白云山，成为自然人

在大自然里你是客人，
要懂得以下"社交礼仪" 07

好奇心 + 发现美的眼睛，我们上山！ 08

超级大城的绿色宝库 10

发现生命的奇思妙想，
读不完的白云山 12

云山四季，自然笔记

春天的信号 14

春天的味道 16

春天的密码 18

夏天，山里的交响乐 20

夏天，把山泉留给它们 22

秋叶，是谢幕也是新的轮回 24

冬天，小可爱们囤的什么粮 26

01. 1月春渐近

- 让人脸盲的梅李桃樱 31
- 山上的天然防蚊剂
  不起眼,但超管用,还香! 33

02. 2月花如潮

- 这么美的花,你应该记住它芳名
  一家三撞脸,其实也很好认 39
- 我们说的茶花,到底是什么?
  白云山上,到底有多少种茶花 42
- 一个古老的芳香家族
  很大或很小,都是一家人 45

03. 3月春满山

- 满山的新绿,
  如世界翻开新章 55
- 看!木棉开放包容的特质
  难怪是市花 57
- 从中国走向世界
  再回家已是锦绣名 59

04. 4月繁花季

- 以繁花,致春日终章 65
- 致敬!万绿云山的先头部队
  你认得几样先锋植物? 67

05. 5月萤飞舞

- 因为歌声嘹亮，你，爱上了它
  来，见过这几位山林里的歌唱家 73
- 暮色的森林有星河流动
  那是流萤纷飞的季节 75
- 南国云山，淌着时光的香 77
- 这么好看的"啄木鸟"
  居然是吃素的 79

06. 6月蜻蜓地

- 在溪边，
  遇见一个隐蔽的精灵王国 85
- 你看到的，可能不叫蜻蜓 87

07. 7月山中喧

- 不要尖叫！
  它们，其实很有趣 95
- 下雨之后，它们很欢乐！ 97

08. 8月防晒方

- 盛夏，蓝紫的宁静 101
- 因为有阳光，五彩斑斓的黑是存在的 103
- 为了生存，蝴蝶和飞蛾也是很努力的 104

09. 9月云舒卷

- 风来，云舒卷 108
- 本地种是好，外来花也香 110

10. 10月结秋实

- 关于结果这件事 114
- 大自然有自己的善恶观 117

11. 11月倦鸟返

- 白云阔，猛禽飞 121
- 白云山上，会飞的常住居民 122
- 云山鸟踪事件簿 125

12. 12月最深秋

- 最晚的秋，最慢的秋
  一点点橘黄红赤，调一盘花城之秋！ 130
  听，树冠有自己的故事
  阅读自然的小惊喜：抬头望天 133
- 这个冬天，蜜管够
  四季花之城，独一份冬日之甜 135

13. 索引图录

- 白云山常见物种图录 136

保持距离观察：变色树蜥在树上享受清风与晴阳

树蜥求偶、警示时，头部会变红，嘘，别打扰它们

只要你足够安静，手掌上的汗液会引来蝴蝶舔舐

得到小可爱的信任，你也可以成为"香香公主"，请享受！

溪中小鱼虽好看，捞走却会破坏脆弱的小生态，而且也养不活！

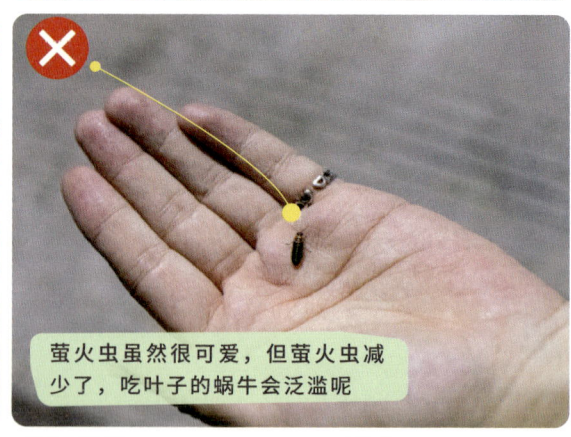

萤火虫虽然很可爱，但萤火虫减少了，吃叶子的蜗牛会泛滥呢

不要采摘山中的植物和蘑菇食用，它们很可能是"全村吃席"的毒物

多孔菌会损害树木，却能将朽坏的树木分解成养分，它也不是灵芝！

> 生态是很脆弱的，学会呵护一草一木，不捕捉、不打捞、不砍伐、不采摘，静静欣赏，就很好。

在白云山，成为自然人
在大自然里你是客人，要懂得以下"社交礼仪"

上山"撒野"前，我们需要知道一些大自然的"社交礼仪"：

❶ 出行前了解户外环境的基本情况，做好安全准备，确保人身安全。

根据天气及活动场所的情况穿着合适的衣物鞋帽，携带必要的户外装备，备足饮用水和食物，保持通信设备电量充足。

白云山的大部分区域对装备要求较低，但进入山林小径时，建议穿防滑的运动鞋。常备防晒防雨装备，带上驱蚊水，以便安心地体验在山林行走、观察的乐趣。

❷ 平时多从书籍或纪录片中了解自然，学习基础的物种常识。

了解植物花果季、动物繁殖季，每次上山，都先给自己制定一个自然观察任务单，有条件的话，还可以用相机记录自己的自然观察日记。

了解动物的行动特点：日行还是夜行，活动范围的主要环境特征，例如，蜂、蝶多于日间活动，萤火虫及大部分蛾类在夜间活动。蜻、螅(cōng)常活跃于水面、溪边，蝴蝶则聚集于水边砾石、沙地，也爱造访各种鲜花。

❸ 要建立尊重自然，敬畏自然的理念：多观察、多记录，不打扰、不采摘、不捕捞。

平时注意积累动物行为的知识，读懂动物的"警告"与"需求"。

遇见蜂、蝇、蛇等不驱赶、不慌张，保持安全距离观察。变色树蜥在求偶或者警戒时体色会变红以示警告。蝴蝶会受人体汗液吸引，停落吸食，获得盐分等营养。鸟类会发出尖锐短促的叫声警告同类，此时，观察者也须放慢脚步，避免打扰。

虽然在自然面前，人类很渺小；但在很多物种面前，人类是庞然大物，应尽量减少对小生灵的伤害。

不要采摘植物、蘑菇，更不要尝试食用，全国误采误食野采的植物、蘑菇致死的案例，每年都有！不要冒险。

❹ 离开自然环境时带走所有垃圾和随身物品，只留下对大自然的观察记录和感悟就好。

记住啦！现在，我们出发吧！

在白云山，成为自然人

好奇心＋发现美的眼睛，我们上山！

留意树叶的颜色，不同的颜色代表了季节的更迭。

亲爱的朋友，做一个自然人——你，和普通游客有什么不一样？

你的相机里面，打卡照不多，更多的是大自然里美丽的花鸟鱼虫，你学会观察、记录、发问、求证、分享，并且由衷地赞美大自然的强大与多彩。

作为一名自然观察者，除了好奇心和一对发现美的眼睛，还需要做什么准备工作？

除了做好地点定位搜集、时间记录之外，一定还要敬畏大自然，只用眼睛和相机记录它的美好与奇妙，尽量不触碰，坚决不采摘、不品尝。尽最大努力保护大自然，同时，也尽可能地保护自己。

大自然里的一切，留在大自然里，才是宝藏。

每次上山，多认识几种小可爱

学会俯下身去观察和查证资料，比如说，你会发现，处处可见的红花酢（cù）浆草，原来不是乡土植物呢。

记录下花开的时间，这样你就会有一套自己的赏花日历：比如入夏后，紫薇的紫红花海开始登场啦。

红花酢浆草

紫薇

以观察代替采摘

不要大胆尝试采摘、食用山上的植物,哪怕黑喉噪鹛当着你的面大啖海芋的红果果,你也不要去试这一类"全村吃席果"!像羊角拗(niù)、山菅(jiān)兰、钩吻(断肠草)、相思子(鸡母珠)……这些一试能断魂的毒物,在山中也时常可见。

纵使不会一时致命,让人上吐下泻的巴豆家的毒物、让人产生严重过敏的漆树家族成员,都不能碰!

吃海芋果的黑喉噪鹛

山菅兰

钩吻

毛果巴豆

野漆

以欣赏代替占有

桫椤(suō luó)、金毛狗、福建观音座莲……采摘这些国家重点保护野生植物能让你"把牢底坐穿",所以看看就好,不要碰!对了,连你觉得很常见的珠颈斑鸠都是"三有动物",请保持距离!控制自己的欲望,把属于大自然的留给大自然。

桫椤

福建观音座莲

金毛狗

珠颈斑鸠

在白云山，成为自然人
超级大城的绿色宝库

历经明清两朝数次海禁而屹立不倒的"一口通商"港口城市，两千年大门长开、敞门揖客的海上丝绸之路重镇——广州，一直未曾中断过与海外的交流。19世纪中叶开始，各国植物学家在中国各地的科考调研进入了白热化阶段，从先后担任香港殖民时期的植物及林业署署长的Stephen Troyte Dunn 和 William James Tutcher 合著的1912年出版的《广东和香港植物志》一书中，我们可以看到多支科考队伍早已深入香港、广东，成果颇丰。

在书中，珠三角腹地的广州，名声在外的采样地白云山，是频次颇高的存在。有14种植物的定种依据——模式标本的采集地，就在白云山。清秀雅致的蝶花荚蒾（jiá mí），就是在白云山烟雨迷蒙的3月，在古刹下方的峡谷中被发现。

花开时如白蝶翻飞的蝶花荚蒾，后来在中大校园的苗圃里安了家，我国近代植物分类学的开拓者和奠基人之一、留学归来的陈焕镛先生，将它采下做成标本，此时已是1928年。

百年来，那个在《广东和香港植物志》中长着低矮野牡丹、桃金娘、枔木、鸡骨草、猪屎豆、耳草，高大的乔木大多只是大叶桂樱、马尾松、锥，坟包密布、植被退化的南粤名山，我们以时间与人力，重新构筑了一个丰富多元的迷人生态。

哪些植物，最早是在白云山被定种的？
蝶花荚蒾、三叉蕨、锥等14种。

蝶花荚蒾

三叉蕨

锥

白云山现在有哪些"国保级"珍贵植物?

水松(一级)、苏铁(一级)、金毛狗(二级)、观音座莲(二级)、桫椤(二级)、鹿角蕨(二级)、罗汉松(二级)、鹅掌楸(二级)、降香(二级)、土沉香(二级)、金花茶(二级)等等。

我们一起加油,让这座宝山成为广州这个超级大城市生物多样性的精彩宝库。

水松　　苏铁　　罗汉松
福建观音座莲　　刺桫椤　　金毛狗
降香　　土沉香　　金花茶

在白云山，成为自然人
发现生命的奇思妙想，读不完的白云山

大自然的修复能力有多强大？不到一百年，被日寇几乎炸成焦土的白云山，先是以人力种植大量的马尾松、台湾相思等速生物种快速复绿，在重披勃勃生机的绿意之后，再借人力、物力，又借时间之力，从头开始，搭建出一个立体多元、热闹非凡的动植物家园。

请和大自然里的"小同学们"一起，讴歌大自然的伟大和神奇，"小同学们"都很努力，你也要加油哦！

斜斑彩灰蝶身后模仿头部触角的一对"小尾巴"，会让捕食者无从下嘴

潺槁木姜子的花上，黄跗斑眼蚜蝇模拟蜂的形态躲避天敌，安然进餐

一片黄叶旁停着一只宽边黄粉蝶，背面相对低调的图案，能让自己在歇脚时不易被发现

尺蛾凭借低调外貌，很轻易地就把自己藏起来

银钩青凤蝶的前翅，跟花叶冷水花的叶子是不是很像？

爱唱歌的螽（zhōng）斯，必须有点保护色，要不然它的大嗓门，也太容易暴露自己了

一只跌落到假臭草上的棉管蟳（xiū）努力假装自己是一节竹枝

比蜡的若虫，跟大果榕的叶子，融为一体了

云山四季，自然笔记
春天的信号

枫香树吐出由娇红转青葱的新芽，大叶榕落下满地金黄后又生出满枝的新绿，梅花绽出新蕾，金花茶结着铃铛一样的花朵，山路上一簇簇石斑木的花球突然映入眼帘……

春山，便这样一点点地醒了。

枫香

枫香的嫩叶在刚长出来时，还没能产生足够的叶绿素，叶片内有许多红色花青素，在花青素的作用下，枫香的嫩芽会先呈现出娇红色，不过再过几天，叶绿素就会全面接手啦！

大叶榕

每年雨水节气前后，大叶榕的老叶会落出满城尽带黄金甲的气势，然后新叶长出，一城皆披新绿。

石斑木和梅

被乡人直接叫作"春花"的石斑木,这种山上常见的美丽野生花卉,是广州早春最常见的报春花。

石斑木刚开花时,花瓣和花蕊一样清新洁白,待授完粉之后,则花丝转红,蜂蝶就会转向他去、再寻娇蕊,贴心地帮访客提高效率。

梅花蕊的变化不会这么明显,但花药颜色会变深,同样对蜂蝶发出"劝退"信号。花朵发出的信息,你都接收到了吗?

金花茶和郁金香

一样是早春的小铃铛,金花茶蜜蜡般的铃铛向下,你要仔细弯腰寻找,才能找到它那让蜜蜂迷醉的美丽小蜜罐。

郁金香美玉般的铃铛向上,尽情地沐浴春光,大方款待到访的蜂群。

请像蜜蜂一样,张开感官去感受春天、发现春天。

云山四季，自然笔记
春天的味道

山鸡椒在山崖上吐露芬芳，梅花的幽香盈满了山谷，落羽杉、池杉长出嫩绿的小羽毛、湖边香气氤氲……这是春天令人愉悦的味道；锥、黧蒴锥密密麻麻的花簇，和小蜡的雪白花瀑，会因为花香过于浓烈，叫人怀疑人生。

山鸡椒

作为我国重要的香料树种之一，不必人工种植，山鸡椒就是来报恩的，早春开出的不起眼的黄白小花，散发着让人神清气爽的柠檬香气。

梅花

梅花芳香成分中的核心一员是苯甲醛，风信子、香茅、肉桂里都有它，所以高洁的梅花，闻起来是不是有又纯又欲的意思？

令人愉悦组

落羽杉

落羽杉、池杉、水松，都含有松、杉家族特有的α-蒎烯、β-蒎烯、柠檬烯，再叠加上湖边丰沛的负离子，就是荡涤心灵、抚慰身心的森林浴标配。

走在春天的杉林、松林间，有没有感到满心欢喜？

水松

池杉

阴香

与山鸡椒同属樟科的阴香，与樟的血缘更近，所以，你常常在春山上闻到的，很像樟树的香气，就是阴香的花香呀！

白花油麻藤

站在样貌清秀的白花油麻藤（禾雀花）的花架下，你可能会诧异，它的气味，有点货不对板呢！

令人怀疑人生组

醉蝶花

一年生的醉蝶花，从春天开始，就勤勉地奉献繁花，在花海里凹过造型的姑娘们都知道，花朵如蝴蝶翻飞的美花，它，不好闻！

小蜡

小蜡（山指甲）的味道也不是不好闻，就是过于浓烈，然而，它们不正是在提醒你，春天，正扑面而来吗？

锥

锥、黧蒴锥……这些能结出"小板栗"的乔木，它们开花时散发的浓烈气味，和板栗花是一路的，同样让人一言难尽。

黧蒴锥（lí shuò zhuī）

作为勤勤恳恳的先锋树种，黧蒴锥开花也是很拼命的，花量一大，味道就很呛人，没办法，这一家族开的花大多都不好闻，习惯就好。

云山四季，自然笔记
春天的密码

枫香的新叶刚刚出来的时候，娇绿中带着一抹胭脂色；落羽杉的新芽，是清新的、会发光的绿；山茶的粉是文静的，宫粉紫荆的粉是妩媚的；黄花风铃木的黄是明丽的，金莲木的黄是绚烂的；最夺目的，必是市花木棉……春天，就是一场颜色的盛会。

花朵为什么会有如此缤纷的色彩？是为了吸引前来授粉的"狂蜂浪蝶"呗，我们，只是沾了劳模小蜜蜂小蝴蝶的光，白蹭了一场姹紫嫣红的春光。

理论上，蜜蜂对白色、黄色、蓝色、紫红色这几种颜色的花朵最敏感；蝴蝶喜欢红色系、黄色、白色系花朵；白色、黄色花朵也常吸引食蚜蝇、胡蜂做客；白色花朵最容易被夜行性的蛾等昆虫发现；红色、橙红色的花朵，最易引鸟类光临。这是千万年来，大自然的可爱成员形成的亲密协作关系。

你，发现它们的小秘密了吗？

梅花最招蜜蜂帮衬

冬红花是隆冬到初春的产蜜大户，暗绿绣眼鸟在饱餐

只要有一小片菜花田，必引蜜蜂嗡嗡轰鸣

叉尾太阳鸟在吸食中国红樱的花蜜

花蜜不足的小蜡，还好有花金龟帮忙传粉

食蚜蝇正在吸食鬼针草的花粉

竹木蜂精准地降落在仪花的紫红色花朵上

蓝凤蝶在茑萝花上开饭

斜斑彩灰蝶爱在鬼针草上开餐

巴黎翠凤蝶在访马缨丹花

云山四季，自然笔记
夏天，山里的交响乐

入夏的云山，蟋蟀、螽斯都是弦乐大师，靠翅膀高速振动摩擦产生清越的弦音；而蝉则是提琴大师，由肌肉收缩运动驱动发声膜振动发声，声音在蝉的腹部共鸣腔发生放大，形成萦绕耳畔的悠扬共鸣；蛙的叫声，则是奔放的鼓点……

大自然的演奏家，在这个夏天，毫无保留地为你献上悦耳的山谷交响乐。

悦鸣草螽是山上最常见的螽斯，它在 4—5 月份还是红色的小朋友

中华半掩螽，是中国的特有种

到了 8 月，悦鸣草螽成虫的样子，就比较普通了

长瓣草螽算是最不怕人的螽斯，随便拍

黑蚱蝉，主打就是个头大、声音洪亮

斑蝉，几乎是最早羽化成功的蝉之歌者

沼水蛙的鼓点，能坚持到 11 月

大绿臭蛙 5 月便会产卵，公蛙叫起来声音短促而尖锐

斑翅灰针蟋无处不在，城市绿地都能见到它，是个唱起歌来没完没了的唠叨鬼

双带拟蛉蟋，就是大家常说的金铃子，不知疲倦的金铃子日夜都要献唱

21

云山四季，自然笔记
夏天，把山泉留给它们

我们为什么要保护山泉，不要过多占用泉水，而要把甘美的生命之水，留在山上？因为，山泉能滋养山体，让植物得到更好的涵养——金毛狗、桫椤和福建观音座莲……这些国家保护级别的植物，都需要水量充足的潮湿生境。

而水流丰沛的溪、涧、沟、渠……还是很多动物的育婴室——各种蛉、蜻蜓、蟪、蜉蝣……都在水边迎来了生命的最高光。

同时，溪边还是非常理想的鸟类和蝶类的观察室。所以，我们掬了一捧山泉，又要把它还给云山，让云山，孕育出更多的小可爱！

大蚊并不吸人血，是湿地的食腐清道夫

"桨板运动员"水黾（mǐn）以落水的小昆虫为食

蜉蝣已完成了它们的终身大事，即将凄美地谢幕

清晨，一只蜻蜓已在湖边的杉树上完成了羽化

优雅的碧凤蝶,在骄阳下大口地享用山泉水

午间休息,最容易在溪边碰到补水的蝶群

溪边,黄狭扇蟌完成繁衍大事之后就会死去

多威猛的南海溪蟹!它是珍贵的本地物种,快放手!

国家二级保护野生植物金毛狗,长在潮湿的地方

灰鹡鸰在洗澡,其实,小鸟们都很爱洗澡

云山四季,自然笔记
秋叶,是谢幕也是新的轮回

云山上,不只是四季繁花似锦让人流连。静心漫行,看春叶欣荣、秋叶绚烂,体味生命每一岁的轮回,也是人生学堂里,极美好的修习与感悟。

比照各个时间点上的不同变化,大自然于细微处,给了我们无数美妙而有趣的提示。

善于发现美的你,又有些什么新收获?

▽ 朴(pò)树

朴树的叶子转黄后很快就会凋零。

▽ 乌桕

乌桕的叶子入秋后先变成明亮的金黄色,然后变成耀眼的鲜红色。

▽ 紫薇

紫薇的夏花灿烂,秋叶更是惊艳。

山乌桕

山乌桕其实也是树中劳模,松鼠爱吃其花,鸟儿爱吃其果,各种小生灵在其上觅食,入秋又是漫山秋色的红叶树种的主力之一。

枫香

无论是树形,还是叶形,枫香都是颜值满分的秀美树种,它甚至不需要美花、香花给自己加分,它的秋叶,便是云山秋色最迷人的主角。

楝叶吴萸

芸香家的楝叶吴萸,是很多凤蝶的最爱,不但花量大、贡献大量花蜜,也是红叶秋色最后压阵的主力树种。

铁冬青

铁冬青的春花只是清秀佳人,等到了深秋,叶落尽而满树红果似红霞,红晃晃地一直挂到入春。

云山四季，自然笔记
冬天，小可爱们囤的什么粮

幸好！冬天的白云山，仍是个储备充足的大粮仓，壳（qiào）斗科的锥、黧蒴锥——对，就是春天开花时，你嫌人家臭的那些树，现在正果实累累。

尤其是锥树，你得好好认清楚它，因为，松鼠真的会在树上剥开外壳扎手的尖刺，掰出香甜的小果子，塞进嘴里带回家享用，一把把现剥现抛的尖刺从高空落下，才不管树底下有没有人经过。

冬天，你头顶上还可能落下的是美丽异木棉巴掌大的蒴果、羊蹄甲的长果荚、毛果杜英硬邦邦的小圆果……请不要太诧异，小松鼠能有什么坏心思呢？你还是会原谅这些在冬天也长得圆滚滚的小可爱的，是吧？

赤腹松鼠

赤腹松鼠在吃红花羊蹄甲的花

美丽异木棉的果实也是松鼠喜爱的零嘴

倭花鼠

倭花鼠在采集锥果越冬，锥的果子，一看就是跟板栗一家的

毛果杜英

锥

鹅掌柴（鸭脚木）

茶

梅花

蜜蜂

冬天开花的鸭脚木、山茶、梅花等，都是蜜蜂越冬的救命粮。

冬红

山黄麻

铁冬青

鸟类

铁冬青和山黄麻的果实，冬红、红花羊蹄甲的花蜜……鸟类的餐单，还是相当丰富的。

报喜斑粉蝶

豹尺蛾

豹尺蛾与报喜斑粉蝶

虫虫们大部分换了一种形式蛰伏越冬了。会飞的虫虫，多以豹尺蛾和报喜斑粉蝶为主角，等最早开花的那一批广州樱开放。好啦，春天要来了，新的一年崭新亮相，更多的小可爱才会满血复活。

1月春渐近
小寒、大寒

小寒,梅花开。

  在罕见雪花的广州,人们将梅花冠以"香雪"之名,满足对瑞雪的想象。

  小寒虽有个"小"字,却常是全年气温最低的节气。但俗话说得好,"冬天动一动,少闹一场病。"动起来,赏香雪去!

大寒,春已近。

  二十四节气中的最后一个节气,寒潮和冷空气频繁来袭。

  此时的低温、寒冷意义重大:植物需要低温休眠,才能保证来年的健康成长,冷空气则有助于地球表面热量交换,保持生态平衡。

  而春天,已悄悄迈进了门槛。

▼ 1月，白云山梅花谷的梅花正好，品种也很多，强力推荐！

让人脸盲的梅李桃樱

一月春渐近

梅

李

桃

樱

赏花地点：白云山梅花谷（梅花），麓湖聚芳园（梅花），桃花涧（桃花、李花、樱花），白云山西门（樱花），云溪公园（李花）、桃花涧（桃花）

每年春天到来时，总会有人陷入深深的迷茫，这些争奇斗艳的花朵到底是梅花、桃花、李花，还是樱花呢？

梅、桃、李、樱花这四姐妹，都是来自拥有美丽五瓣花的蔷薇科，怎么样轻松分清这些春天里的小精灵呢？其实，有很多种方法。

首先看花色，白色的有李花和白梅，红色的则有红梅、桃花和樱花。二是看花量，梅花通常单朵生在枝干上，桃花是一朵或两朵生在叶片基部，李花通常三朵生在一起，樱花则更多，一簇簇五六朵长在一起。三是看花形，梅花花瓣接近正圆形，体形比桃花要小，暗香涌动。桃花花瓣略尖，花瓣软软的，摸起来的质感像纸，前端有裂。李花小而细碎繁密，而樱花最明显的特点是花瓣先端有一个"V"形缺口。

还有很多其他方法，比如，看花梗、看花期、看叶片、看果实。

梅花和桃花几乎没有花梗，花朵几乎贴着枝干生长，而樱花却有着长长的花梗。梅花是最早知道春天的精灵，先花后叶，而桃花是先叶后花或花叶同绽，梅花几乎要谢了桃才开始绽放。有花梗的李花和樱花，最明显的区别是樱花的叶片基部有两个鼓起来的能分泌物质的点点，在植物学上称为腺点；还有，一般樱花都是先开花后长叶的，不过，晚樱类的樱花则是花叶同放。

下次在春天赏花，让人脸盲的梅、李、桃、樱还能难倒你吗？

山鸡椒

潺槁木姜子

假柿木姜子

山上的天然防蚊剂

不起眼，但超管用，还香！

作为我国重要的香料经济树种之一的山鸡椒，你对它的了解有多少？

樟科木姜子属的山鸡椒是我国一种特有的香料植物，由于其在我国分布广泛，各地对它都有自己的爱称，所以别名非常多。1月底，白云山的山鸡椒就开花啦，花呈淡黄色，有很浓的香味。其主要成分——柠檬醛，也深受香疗师的喜爱，其香气清新上扬，穿透力十足，可以减轻心灵上的压力、驱走紧张情绪。

山鸡椒的果期在5月份左右，果实由原来的绿色慢慢地转变成紫黑色。果实有极为清新的柠檬香气，使人闻之就胃口大开，无怪乎国人都爱将它当作天然的增香剂，将鲜果捣碎撒在肉汤、面食、豆花、凉粉、米线中，风味独一份。山鸡椒的果实还可入药，有温中健胃、祛风散寒、止痛的功效，可谓药食同源、内外兼修。聪明的中国人，还会拿它做成枕头、按摩锤。

山鸡椒还有降解黄曲霉素的作用，可以作为仓库谷物的熏蒸剂，把山鸡椒放在米面柜里，效果也不错！山鸡椒精油还具有良好的抑菌、抗氧化等生物活性，可用作抗微生物的药物，它是天然的杀虫剂和抗氧化剂，作为天然的抑菌剂，还可以有效防止果蔬因病菌污染而腐烂。

山鸡椒精油，防蚊作用也很优秀，下次来白云山，带上山鸡椒精油，看看蚊子还叮你不。

白云山上常见的木姜子一家的成员有谁？答案见上图。

赏花地点：山鸡椒喜长在小山坡上，白云山各处皆可见

2月花如潮
立春、雨水

立春,花如潮。
　　二十四节气中的第一个节气,有万物起始、一切更新之义。在古代,皇帝要出城"迎春",祈求丰收;老百姓也有"游春"(游行庆祝)、"咬春"(吃春卷)、贴"春"字等等风俗。而花城此刻,正万花攒动,春意已盎然。

雨水,万物生。
　　东风解冻,雨水滋润万物。到了雨水节气,广州的雨水也开始增多,春雨绵延,春花,则开始一路一路、一园一园地绽放,花园里姹紫嫣红,山谷中生机萌动,新的轮回已然转动。

宫粉紫荆 麓湖公园

中国红樱 白云山西门

2月花如潮

桃花 桃花涧

郁金香 云台公园

宫粉羊蹄甲绕湖织成粉霞,桃花绕溪,满涧芳菲如织锦,百花争艳,粉的、红的、黄的、紫的,一帧帧的春光,夺人眼、迷人目,呼啸而至。

宫粉羊蹄甲

红花羊蹄甲

羊蹄甲

这么美的花，你应该记住它芳名

一家三撞脸，其实也很好认

2月底开始到整个3月，被老广们叫作"紫荆花"的花树，在麓湖沿岸开成粉色云霞。

这"紫荆花"其实并不是紫荆家的成员，而是羊蹄甲家的主力，这个家族因叶子像羊蹄而得名。羊蹄甲家有很多品种，花颜都非常迷人，广州的街头，最常见的有三种：红花羊蹄甲、羊蹄甲和宫粉羊蹄甲（就是人们常说的宫粉紫荆、紫荆花），你能分得出来吗？

它们的花，以红花羊蹄甲花色最艳丽，中间至基部呈深紫红色；羊蹄甲的花瓣白里透粉，粉至桃红；而宫粉羊蹄甲呈紫红色或粉红色，还杂有深色脉纹，这也是非常容易辨认的特征。另有一种白花宫粉羊蹄甲，花是清秀的白色，花瓣的纹路则为黄绿色。

红花羊蹄甲的花朵五枚花瓣较阔，和羊蹄甲较狭长的花瓣不同，而宫粉羊蹄甲的旗瓣，也就是花朵最上端的一枚花瓣比较阔，还有显眼的紫红色纹路。羊蹄甲花瓣先端有较多皱褶，花瓣的柄多数较为明显。

红花羊蹄甲就是香港区徽的原型，在香港，它先是被叫作洋紫荆，后来直接被缩写成"紫荆花"。冬天里，花色艳丽、花气馥郁的红花羊蹄甲，是暗绿绣眼鸟、太阳鸟甚至赤腹松鼠等小可爱的天然饭堂。红花羊蹄甲是天然杂交的品种，不能结实繁殖，所以大多采取嫁接培育，而嫁接用的母本，就是羊蹄甲。

三种花的花期果期也不尽相同，红花羊蹄甲花期全年，盛花期11月至翌年3月；羊蹄甲盛花期是9月至12月；宫粉羊蹄甲盛花期是2月至3月。

这三种花麓湖公园都有，注意观察它们的差异。2月是宫粉羊蹄甲的主场，到麓湖的花树下，去享受这场粉色春光吧！

赏花地点：麓湖公园

山里山气的山茶品种

12月底红皮糙果茶开花，地点：能仁寺

1月南山茶开，地点：云溪公园、能仁寺

白云山的木兰家族

二乔玉兰，地点：桃花涧、云台花园

灰木莲

深山含笑

玉兰

荷花木兰

含笑花

白兰

花量繁多的山茶品种

2月金花茶开，地点：云台花园

2月茶梅花开，地点：云台花园

我们说的茶花，到底是什么？

白云山上，到底有多少种茶花

白云山上茶花的主力，是茶梅和山茶。山茶和茶梅有什么不同？相信不少人都很难说出它们的区别。中国主要观赏型的茶花在广义上包括了山茶属的云南山茶、华东山茶、金花茶、茶梅等等。而狭义的山茶花仅指植物学上的一个种，通常指的是山茶或称华东山茶，但这怎么足以表达大家对山茶属的热爱呢？所以大家常常把山茶属的美花，都叫作茶花。

山茶属在白云山上最重要的颜值担当，是茶梅和山茶。形态特征上，茶梅的体态——叶形、冠幅等较为玲珑，山茶的整体体形较为庞大。肉眼看上去茶梅嫩枝、叶、叶柄、子房都有细细的茸毛，山茶的这些部位质地光滑如丝，没有细毛；茶梅有一股清甜的香味，而山茶大都不香，这是最易于识别的特征。当然现在已经成功培育出了有香味的山茶品种。此外，山茶花花丝呈白至淡黄色，雄蕊长，而茶梅花丝呈黄色，雄蕊短。花谢时茶梅花瓣会一枚一枚地散落，山茶花则整朵坠落。

按花期先后，茶梅较山茶先开花，一般早花品种在10月前后陆续开花，虽然茶梅的花期因品种不同有所差别，大多数重瓣品种在10月至翌年3月开花，待茶梅花花期即将告终时，山茶各品种才陆续开花。一般茶梅与山茶的杂交品种花期都会略迟。

中国是茶花的老家，茶花花形端正秀美，很符合中国人的审美。走，到白云山赏茶花去！

赏花地点：云台花园、山庄旅舍、能仁寺

相传从故宫引种的玉兰

2月二乔玉兰盛开，地点：山庄旅舍

醉香含笑

一个古老的芳香家族
很大或很小，都是一家人

古老的木兰家族品种繁多，大抵都有暗香浮动，国人也常把紫玉兰、白玉兰都唤作辛夷，紫花辛夷——紫玉兰最终成了国人至爱的庭院花植。

在广州，紫玉兰的宗亲——二乔玉兰更能适应本土气候，隆冬消退春阳未暖，二乔玉兰便争春勃发，花枝繁密、花容周正，端庄雅致、香远益清，枝头是这么一团团人见人爱的紫气东来、富丽吉祥的气象，谁能不爱？婷婷紫玉笑严冬，袅袅仙姿啭鸟鸣，在寒风中勃然盛放，二乔玉兰的傲霜品格亦符合中国人的正统审美。

粤人说的白兰花，常与玉兰相混，虽同属木兰科，白兰花花朵个头小多了。作为防火林的重要成员醉香含笑（火力楠）在白云山的数量也不少，它长得高大，树顶上花踪难寻，你若在白云山的小径里走，低头看到片片木兰家的花瓣委地，捡一瓣便觉幽香沁脾。

木兰这支存世过亿年历史的古老家族，果然都是香的。

▼ 春节是白云山的炫花季

华中、华北犹自春寒料峭,白云山各景区已是万紫千红。广州人的春天,就是在这样的花团锦簇里翻开了序章。

缤纷花境

郁金香花海

大花飞燕草　　木茼蒿　　美女樱　　朱顶红

◎ 2月花如潮

大花耧斗菜 　　瓜叶菊

月季　　细小石头花

49

3月春满山
惊蛰、春分

惊蛰，木棉红。

  惊蛰时节"春雷惊百虫"，不但百虫苏醒，一派蜂忙蝶舞春意闹、欣欣向荣的景象。连鸟兽也日渐活泼，爱意渐浓的小可爱们，需要储备更多爱的能量，无限量供应免费糖水的木棉花大排档，开门揖客了！

春分，榕叶新。

  春分的"分"含义有二，一是平分了春季，二是昼夜平分，这一天，太阳的直射点正好落在赤道上，因此昼夜等长。春分天气温暖、阳光明媚，杜鹃花开满山岗，大叶榕已换上了新装。

白花油麻藤

锦绣杜鹃

3月春山

落羽杉

鸡爪槭

此刻云山，满山深深浅浅、新新旧旧的绿色，落羽杉、朴树、枫香……刹那间全树着新装；而清秀的白花油麻藤（禾雀花）结着一藤玉样的鸟儿；嫣红或娇粉的杜鹃花，轰轰烈烈开了一山。

朴树

枫香

鸡爪槭

小叶红叶藤

10天左右，大叶榕重获新生

满山的新绿，如世界翻开新章

每年3月，全城的大叶榕会在雨水抵达前的某天，老叶转黄、新芽挣出，十天八天之间，落叶、萌芽、满树青葱一气呵成。这个时候的白云山，满山是养眼的绿。也不尽是绿，枫香的新叶刚萌发时因为花青素的原因，叶是鲜红色的；不止枫香、鸡爪槭、小叶红叶藤……都是如此。原本霜叶红于二月花的秋色，直接在早春就供应了，等到花青素一点点被叶绿素取代，柔媚娇红的新叶，红消绿长，最终长成层次丰富的一座座春山。

你在山上好好观察一下，还有哪些植物，在幼芽时是红色的？山上的植物有哪些是常绿不落叶的，哪些是落叶的，什么时候落叶？关于叶子的科普观察，我们从早春3月就开始吧！

亚历山大鹦鹉

暗绿绣眼鸟

灰头绿啄木鸟

白头鹎

3月春满山

叉尾太阳鸟（雌）　　　叉尾太阳鸟（雄）

橙腹叶鹎（雄）　　　红胸啄花鸟（雄）

看！木棉开放包容的特质
难怪是市花

每年3月，花朵繁密而花形硕大的木棉树开花了，酒杯形的花朵，完全是友善的自助餐厅，花蜜极易取食，接了雨水的花朵，还是天然的养生杯——你看，大如亚历山大鹦鹉，袖珍到大拇指般长短的暗绿绣眼鸟，全部自由出入，无限续杯！

白头鹎（bēi）来了，灰头绿啄木鸟也来了，红嘴蓝鹊、喜鹊、红耳鹎……一个接一个地来，木棉的气度，果然很广州。爱吃花蜜的，这个月份常见的还有美丽的橙腹叶鹎、红胸啄花鸟、叉尾太阳鸟。在赏花的时候，也留意一下它们的身影吧！

赏花地点：能仁寺、麓湖公园

从中国走向世界
再回家已是锦绣名

白云山上春花花事走马亮相,杜鹃花开依然是春天最值得期待的重头戏。

白云山山谷、麓湖湖畔、鸿鹄楼下,锦绣杜鹃织出漫山锦绣。

锦绣花路依山势蜿蜒,一步步在花云里走,花事锦绣,心事锦绣。

山中二乔玉兰、秤星树(梅叶冬青)、石斑木同期开放,苦楝结着花蕾,宫粉羊蹄甲开着粉色花云,走走停停,看不完一座锦绣春山。

赏花地点:麓湖公园聚芳园、山庄旅舍

4月繁花季
清明、谷雨

清明,繁花季。

　　作为春季的第五个节气,此时天气阴晴无常,不过《岁时百问》中说:"万物生长此时,皆清洁而明净,故谓之清明。"所以,清明时节,雨润万物、欣欣向荣。

　　清明节期间,扫墓祭祖、植树春游……节目很丰富,此时杜英和木油桐的白花如你心底的思念,开满山谷。

谷雨,春已暮。

　　谷雨取自"雨生百谷"之意,是春季最后的节气,人们常说谷雨一过,热热闹闹的花事就要落幕,幸而岭南花长放,等一山繁花落尽,又有一谷繁花将来。

木油桐

鱼木

4月繁花季

毛果杜英

金莲木

▽ 云台花园金莲木先开,满树黄金花儿灿烂。鱼木的花期稍长,枝干宽大,开花时便如金色华盖。白云山上种了很多毛果杜英,开花时有奶油般的香气,果子是松鼠的救荒粮。传统的经济作物木油桐(千年桐),现在数量不复当年,花却如入夏之雪,极仙极美。

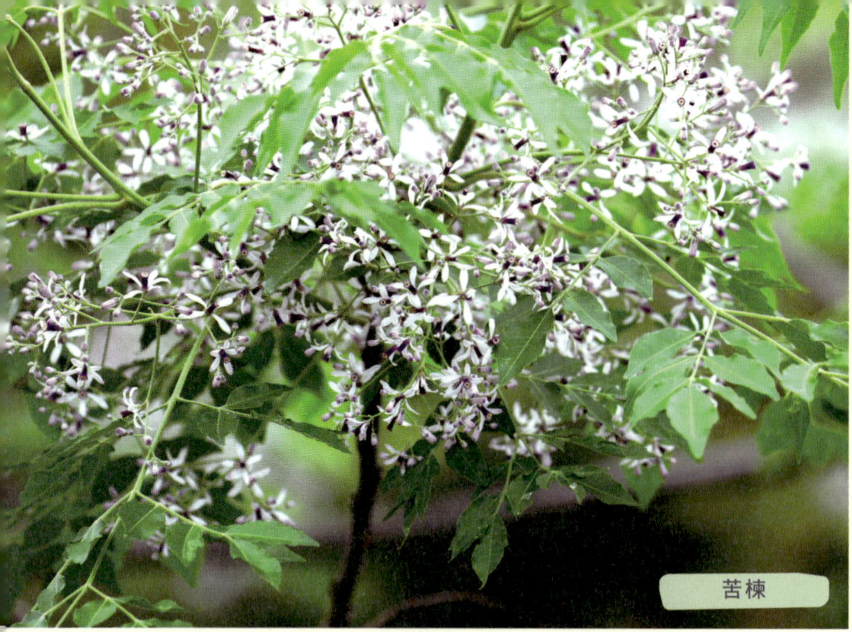
苦楝

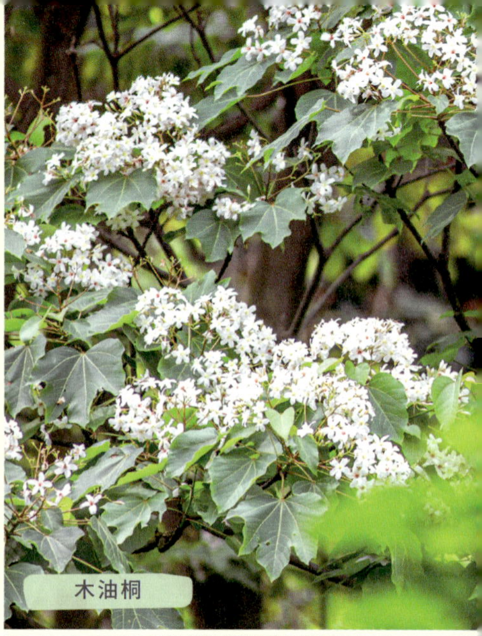
木油桐

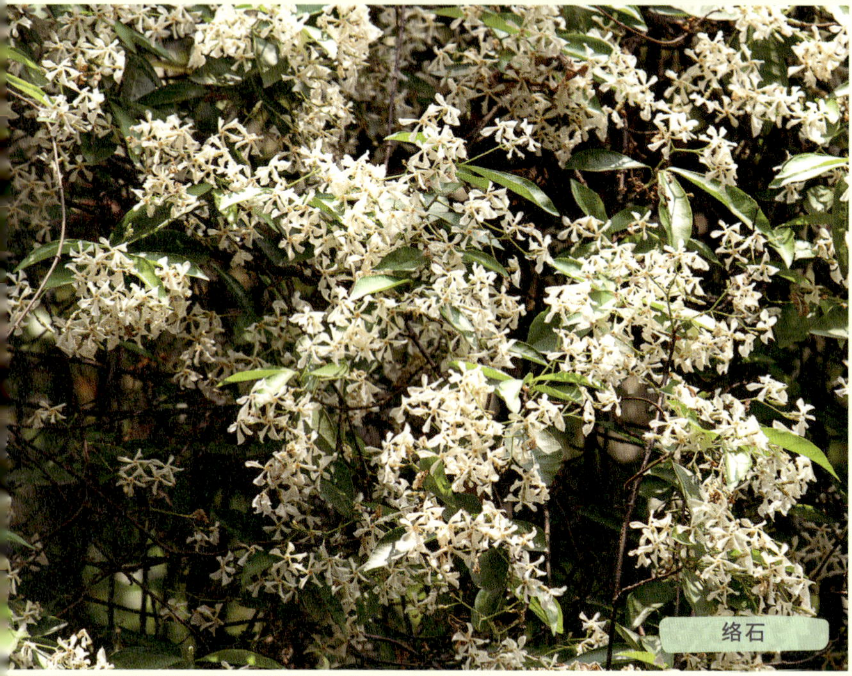
络石

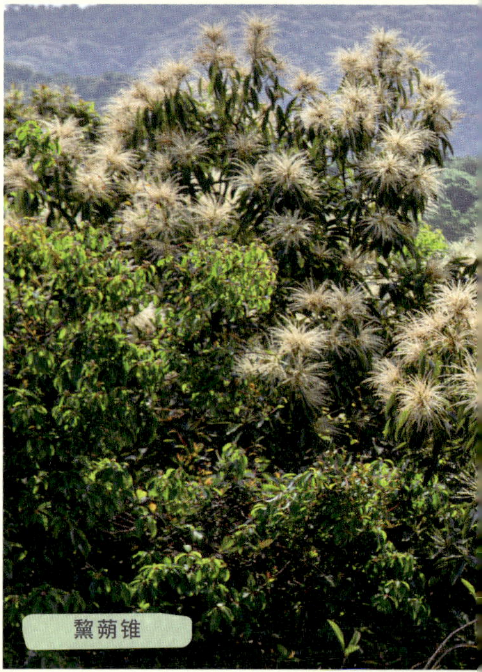
黧蒴锥

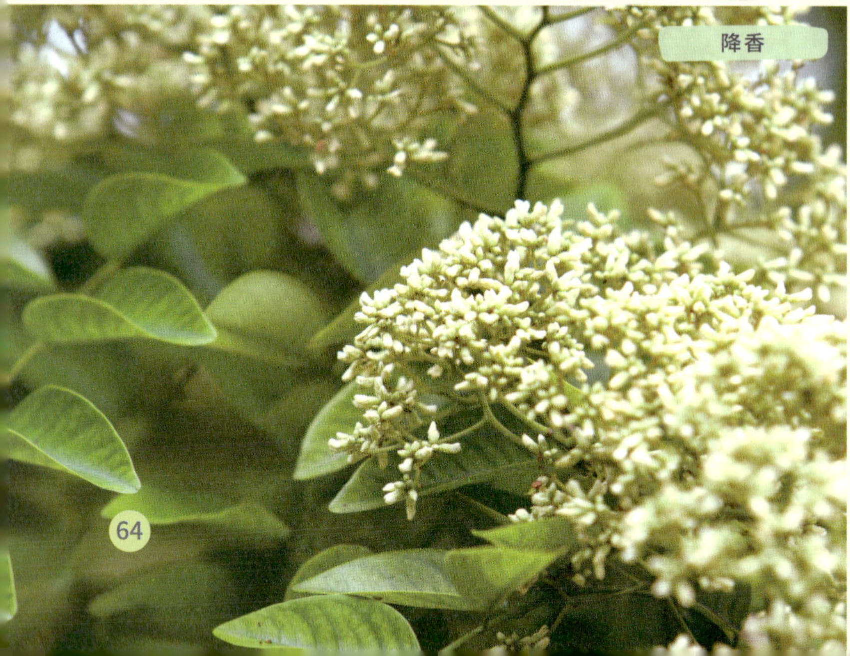
降香

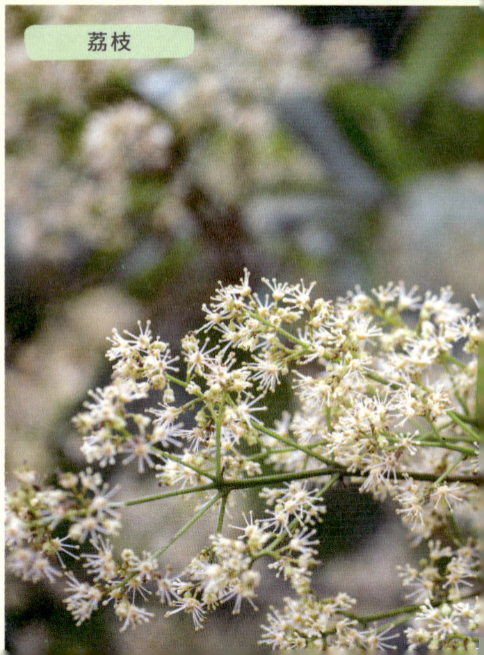
荔枝

以繁花，致春日终章

4月繁花季

白云山植被以常绿阔叶植物为主，终年常绿，没有集中落叶、枯枝着花的景象。还有不少常绿阔叶植物，花色以白、黄绿、浅紫为主，有些甚至没有明显的花冠，非常朴素。好在它们的花序通常生在枝头，圆锥或聚伞花序，花朵密密匝匝，花香远播，只要你足够细心，一定能欣赏到这一场场低调而繁华的花事。

其实这些以量取胜的花树也各有不一般的身世。

苦楝花是二十四番花信风中的最后一候。楝树适应性很强，黄河以南到海南都有分布，楝花一般在谷雨节气盛开，即是送春迎夏的四月天，楝花开成满树紫霞。

木油桐是落叶乔木，开花时树叶正青葱，大量白色花朵开在顶端，又落满树下，似枝头绕白云，树下铺白雪。除了好看，木油桐还是非常著名的经济树种、重要的工业油料植物，其果皮可制活性炭或提取碳酸钾。山间的木油桐也用花果喂养着多种昆虫和松鼠。

络石是常绿木质藤本植物，攀在高大的乔木或建筑身上，开花时才显出藤蔓生长的庞大"版图"，令人刮目相看。仅仅从各地的俗名中，就能想象花朵的别致和馨香：万字茉莉、白花藤、风车藤、骑墙虎、云花、云珠……夹竹桃科的它花冠深裂，顶端反转，旋转分布，酷似只只小风车。所以即便花色米白或浅黄，依旧可爱而壮观。

黧蒴锥属于先锋树种，适应性强，生长迅速。研究人员发现，黧蒴锥与马尾松的混交林，有利于水土保持和土壤改良。作为壳斗科植物，它因为果实淀粉含量高，被称为森林"粮库"。细小的花朵虽然形与色都不出彩，但大量的花朵形成了圆锥花序就像朵朵烟花绽放枝头，也常常点染一片山头。

豆科的降香，花朵其实秉承豆科常见的蝶形花结构，放大来看也是很精致的，但花型小花色淡，若不是花量大，你不大会留意到它，不过如若提及它的别称——"黄花梨"或"降香黄檀"，人们大都立即对它产生敬意，细碎花朵芳香四溢，木材纹理典雅，还是珍贵优质的中药材，是不是越看越觉得降香顺眼？

同时，最本土最亲民的荔枝、龙眼、黄皮的花也都是以量取胜，4月绽放的一山碎花，无不给人以最香甜的期待。

65

4月繁花季

九节　白楸　黄牛木
石斑木　白花灯笼　岗松

致敬！万绿云山的先头部队
你认得几样先锋植物？

▼

　　白云山在日占时代之前，曾一度以马尾松和台湾相思作为先锋树种。

　　马尾松具有较高的水分利用率，能够利用同等水分制造出更多的营养物质，正是这种原因使得马尾松在干旱、瘠薄的土壤，或岩石缝中能够生长，它拥有很强的适应性。台湾相思根部有根瘤固氮菌，种植后能增加土壤肥力，改善土壤结构。因此，马尾松和台湾相思是南方地区重要的先锋造林树种。

　　先锋植物往往最能够适应当地的生境条件，生长快、种子多、扩散强，它们顽强地定居在荒地上，在那里固守阵线，并逐渐优化环境，为后来的植物茁壮成长打好基础。原来的森林受到破坏之后，它们往往是最先恢复起来的。有计划地进行一些人工干预，组合搭配不同的先锋植物，并且增加物种多样性和树林的层次结构，让植物能充分利用阳光雨露、荫蔽凉风等不同自然条件，可以大大缩短生态恢复的周期。

5

5月萤飞舞
立夏、小满

立夏，蝉始鸣。

　　入夏的第一个节气，夏日开始，炎热未至，"夏"在古语中，是"大"的意思，许多山中精灵的爱情结晶，已经长大，蝉已化蛹，在枝头学习振翅鸣唱情歌。

　　立夏节皇帝也要出城"迎夏"，民间有"秤人"、吃立夏饭和斗立夏蛋等习俗。

小满，萤始飞。

　　小满者，一层与气候降水有关，民谚云"小满小满，江河渐满"；一层指谷物的日渐饱满。此时，全国上下都基本进入真正意义上的炎热夏季，广州正进入"龙舟水"降雨季。

木荷

厚壳树

5月萤飞舞

仪花

黄牛木

> 作为防火林的主力树种,木荷漫山盛放,朴实的木荷总是长得太快,你要在高处、在远处,才能发现——此刻的白云山,真的像被木荷的白色花云笼罩,白色花云之间,又夹杂着更细碎的厚壳树的小白花,还有粉色的黄牛木、仪花……漫山是它们一团团白的粉的花冠。

斑蝉　　　长瓣蜩蝉　　　安蝉

红蝉　　　黄蟪蛄　　　黑蚱蝉

被真菌寄生的南蚱蝉

羽化失败的红蝉

下午已完成羽化的安蝉

因为歌声嘹亮，你，爱上了它
来，见过这几位山林里的歌唱家

我们常说的"知了"，也是我们最了解的蝉，是蝉总科蝉科昆虫。全世界已知约 2500 种，中国已知约 210 种，分布广泛。

蝉属于不完全变态昆虫，经由卵、幼蝉（若虫），不经过蛹期而直接蜕皮后成为成虫。

夏天和蝉鸣是固定搭配，仿佛天气越是炎热，蝉鸣越是疯狂。其实只有雄性蝉具有发声器，它们那一阵阵的鸣叫并不是在投诉天热，多半是为了求偶。

求偶交配完成后，雌蝉就会用腹部末端发达的产卵管在树干或树枝上撬起树皮产卵，有的蝉卵当年就可以孵化，有的则要以卵的形式过冬，甚至需要长达 10 个月，之后才会孵化。白色弱小的蝉蚁刚刚孵化就具备强大的挖掘能力，钻入地底下。这种藏身地下吮食树汁的状态占据蝉一生的绝大部分时光。3 年、5 年，甚至 13 年、17 年后，蝉的若虫才会在一个夏夜掘出地面，攀上树干或草叶，蜕去外壳，展翅飞上枝头，加入夏季"大合唱"，直到寒冬来临。

夏季，它们常常于傍晚至夜半钻出地面羽化，外骨骼裂开、倒吊蜕出、反转脱离外壳、攀枝展翅……整个过程漫长又惊险。虽然一生以树汁为食，危害多种植物，但它们神奇的生命周期、应时的鸣唱、漂亮的外形，却深受国人喜爱。蝉鸣令人想到绿树成荫、骄阳似火，又隐喻着高士的一鸣惊人。

蝉是传承千年的文化主角，也是生机勃勃的南国夏天。

黄宽缘萤萤光

萤光点点

金边窗萤

边褐端黑萤

黄宽缘萤幼虫　黄宽缘萤交媾　弦月窗萤　拟纹萤

暮色的森林有星河流动

那是流萤纷飞的季节

从成语"囊萤映雪"的典故，到杜牧笔下的"银烛秋光冷画屏，轻罗小扇扑流萤"，再到泰戈尔的诗歌《萤火虫》……仅仅从语文课本上，我们已经在脑海中无数次绘下萤火虫舞动的美丽。

但居住在城市里的你，真的认识萤火虫吗？萤火虫其实是一个"大家族"，广州的5月上旬至7月中下旬，是棘手萤属、窗萤属、歪片熠萤属、熠萤属的萤火虫成虫相对集中的时间；而11月到次年1月上旬的这段时间，较为湿润的林地间，另一批短角窗萤属的萤火虫也将羽化成虫。

对于喜好"蜗居"在隐蔽丛林中的萤火虫而言，白云山这座深入城市腹地的绿色之心，拥有丰沛的溪流水源、大片的葱翠林地及多样化的植物资源，不仅能为萤火虫提供良好的生存、生育空间，还能提供稳定、多样的食物来源。

在白日里看着平平无奇的小虫，落日后纷纷打起了独属于各自种族的"信号灯"——仔细观察，你会发现它们闪烁的频率、发光的位置、颜色都有不同之处，依靠着这些差异，雄性与雌性萤火虫得以互相确认、配对。一直到七八点，夜色更浓，星星点点的萤光才逐步减少。你在白云山见过萤火虫飞舞么？

野外赏萤火虫 tips：

1. 服装以防蛇虫叮咬为主，建议衣服选择长袖、长裤，鞋子选择徒步鞋或雨鞋；2. 请在专业赏萤导师的带领下开启赏萤之旅，尊重自然环境，不任意捕捉、带走萤火虫，不破坏自然生境；3. 携带的照明工具如手电筒，应使用红色玻璃纸或红色薄膜套好，减少光照对萤火虫的影响；4. 注意天气变化，强对流天气、强降水天气后不宜进行户外活动；5. 可随身携带应急外用药、哨子等户外应急用品。

金粟兰 　土沉香

栀子 　灰莉

麻楝　九里香　金银花　使君子

南国云山，淌着时光的香

"当岁月流逝，所有的东西都消失殆尽的时候，唯有空中飘荡的气味还恋恋不散，让往事历历在目"，普鲁斯特絮絮地展开巴黎的气味回忆时，白云山回应：花城，四季如春，四季花放的白云山，四季花香不散。

从1月开始，便有数十万株梅花香雪吐芳，香送十里。梅花一枝，一室皆暗香浮动，花萎抱枝犹香。然后山径里的山鸡椒花开了，春阳软暖，得一路沁脾香气。

过年时水边的水仙添一池香气袅袅，湖边落羽杉的新叶正散发清香。然后山上的阴香、土沉香、降香、栀子、麻楝、灰莉……陆续结花，花朵都朴素，却得满山清芬，室内室外，山下山上，每一寸每一处，都是香的。山上的花草树木，以芳香，治愈花的城。

每一个九里香花落一地、骤雨初歇的清晨，每一条白兰花开一树、纵横交错的山路，每一处茉莉飘香的角落，每一间鸡蛋花怒放的山亭，广州人，离不得这些天生天养的香气。所以，你的白云山记忆，也是带香气的。

广州人，还吃下白云山的各种香气——我们以茉莉花蕾窨花茶，最后一道以金粟兰（珠兰）、素馨为尾调，余味更为悠长；我们用粗叶榕（五指毛桃）的根煲汤，含香豆精的树根，香气跟无花果一样；我们摘夜香花的蕾，烫一碗芬芳四溢的汤来饮；种的鸡蛋花、金银花，享它们花开时的清芬，还晒干了，煎成香气氤氲的清凉饮料解暑。四季如春的花城，其实暑气长着呢！植物油细胞里的芳香油，这么天天炙烤，如何能不香？

广州人，对芳香的理解，是老天教的啊！在香气里行山，微汗，微醺。

▼ 蓝喉拟啄木鸟挖呀挖呀挖出爱巢的全过程

▼ 今年大拟啄木鸟的爱巢干脆就筑在马路上，大哥，服你！

你们也来参观我的新家!

这么好看的"啄木鸟"
居然是吃素的

这两年，白云山各处，都有拟啄木鸟筑巢育雏的报道，而且，地点往往选在路边，完全对两足兽不设防。

啄木鸟和拟啄木鸟一样都属于**䴕**（liè）形目，但啄木鸟隶属于啄木鸟科、啄木鸟属，而拟啄木鸟则属于须䴕科、拟啄木鸟属。"䴕"字就是啄木鸟的意思，字面上来看"须䴕"即口部生须的啄木鸟。

啄木鸟被称为"森林医生"，它们擅长在树干上觅食天牛、吉丁虫、透翅蛾、蠹等危害树木的昆虫。它们的食量很大，一只啄木鸟每天会吃掉成百上千条昆虫，育雏的时候更多。

拟啄木鸟则主要以植物的果实、种子为食，间或也捕食昆虫。因此拟啄木鸟的嘴与啄木鸟相比，会更短、更阔，这样就能存放更多的果实等食物。

白云山常见的大拟啄木鸟和蓝喉拟啄木鸟，还有一个特点就是羽毛艳丽，配色对比强烈。据说这是因为它们常在艳丽的亚热带花丛中或结满鲜艳果实的枝条上觅食，这样的配色更容易隐身其中形成保护色。休息时，它们常立于大树顶端，让人难以发现。只有在筑巢育雏的时期，拟啄木鸟在树洞口附近的枝上停留，这个时候，容易被我们发现，因此每年繁殖季，大批的观鸟爱好者会静静地远远目睹拟啄木鸟的风采，树上树下的小可爱大可爱，各得其乐。

与啄木鸟相似，拟啄木鸟也会啄凿树洞或利用天然树洞筑巢。但啄木鸟除了筑巢，还会因为捕食、储存食物，甚至"养殖"昆虫而啄伤树干，造成一定破坏。相比之下，拟啄木鸟除了叫声嘈杂之外，更受大家欢迎，这世道，还是颜值才是王道呀！

6月蜻蟌地
芒种、夏至

芒种，蜻蟌舞。
　　"芒种"含义是"有芒之谷类作物可种，过此即失效"。这个时节气温显著升高、雨量充沛、空气湿度大，"芒种夏至，水浸禾田"，适宜播种晚稻，此时，也是水边的各种精灵，最为活跃的时候。

夏至，溪涧满。
　　至者，极也。夏至这天，北半球白昼时间全年最长，对于北回归线上的广州，夏至也是一年中正午太阳高度最高的一天，夏至之名由此而来。太阳直射头顶的时节，你最应该进山找条清凉溪流，发呆、看虫虫飞。

山间清溪水

褐斑异痣蟌

丹顶斑蟌

赤黄蟌

　　入夏的山溪冰冰凉，如果你只顾着戏水、追打、吵闹，那你将会错过一整个精灵王国。
　　现在，轻声走向溪边，那里有一个神奇的世界等着你。

水黾

南滑蜥，鳞片色泽很美

巴黎翠凤蝶

三斑阳鼻蟌

黄脚胡蜂

南海溪蟹

在溪边，遇见一个隐蔽的精灵王国

方带幽蟌　　紫啸鸫爱洗澡　　中华新米虾　　沼水蛙

白云山多花岗岩、石英砂岩，雨水浸透风化层后又在岩石裂缝渗出为泉，顺着地表山坡汇集为溪涧，蜿蜒而下。

溪水在坡度变化较大的地方形成跌水，飞溅的水花浸润了水中的岩石和两边的山体，不但为周边的植物带来充足水分，也为地衣、苔藓、菖蒲、蕨类创造了良好的生长环境。传说中的仙草"九节菖蒲"就生长在被水花飞溅浸润的山石、陡崖上。

在坡度平缓的区域，溪水横向蔓延，流速减慢，泥沙渐渐沉积，为水底藻类、挺水植物提供了底泥，也引来各级"消费者"，创造出池塘生态的小循环。

夏天的时候，溪涧周边尤其热闹。小水潭、缓冲区里大量浮游生物迅速繁殖，鱼虾螺在浅浅的水中就可以安身。黑藻花挺出水面展开白色花瓣，引得蜂、蝇、蝶飞舞其间。睡莲、菖蒲、水竹芋等水草上常有各色蟌、蜓停落，它们的幼虫就生活在这片水中。沼水蛙、花狭口蛙等也很常见，树蛙则在水边的粗枝上逗留。平缓的水面还常见水黾，这些会"水上漂"的高手等待的是落入水中的昆虫。

有坡度的溪涧中则更热闹：来补水的凤蝶、黄蜂、蟌和来洗澡的小鸟，都是山溪给的惊喜。高处跌落的花、叶、果实也为溪水带来更多营养，为小动物带来充足的食物。被溪水滋润到的树根、石缝，是蜥蜴、螃蟹的藏身之处，运气好的话，你还能见到颜色艳丽的南海溪蟹。

流动的溪水带来阵阵凉意，虫嘶、鸟鸣、鱼游、蝶舞、花落、负离子喷涌……夜间还有萤火虫点点升空，欢迎加入美好的精灵王国。

华艳色蟌

红蜻

你看到的，可能不叫蜻蜓

蜻蜓号称飞行界的王者，垂直起落、悬停、急转弯等飞行技巧令孩童惊叹、令科学家痴迷。

这种古老的生物分布广泛、种类繁多，通常人们将它们分为蜻蜓和豆娘两类。

蜻蜓体形大，停落时翅膀展开；而豆娘纤弱轻盈，停落时常束翅而立。这种分类在民间流传广泛，也大致准确。

实际上，在分类学上，蜻科与蜓科也是相互独立的。但再准确一些的区分方法则是观察蜻蜓翅膀上的三角室的形状。蜻蜓飞行速度快，停落时也相当警觉，所以比较靠谱的分辨方法是观察体形和颜色特征。一般情况下：蜻科较小，腹部短；蜓科体较大，粗壮，腹部细长。

豆娘中文正名是蟌（cōng），通常颜色艳丽、体形小巧，种类约占蜻蜓目昆虫总数的百分之十。相比蜻蜓紧挨着的复眼，蟌类的复眼就生于头部两侧，使它们的头部形状与蜻蜓差别明显。由于腹部细长，蟌类交配时腹部优雅弯转形成类似心形，十分浪漫。而对比水中的幼虫，蟌类的幼虫尾部带三片桨状腮，也是重大的区别。

类似蜻蜓被分为蜻科和蜓科，豆娘也分为总蟌科和色蟌科，其中色蟌科的豆娘被公认是最美艳的，一身配色靓丽不说，还带着金属光泽，常常是水边阳光下最闪耀的飞行家。

▽ 请欣赏各种蜻蟌蜓的高级配色：

● 碧青 ● 芦苇绿 ● 琵琶黄

● 孔雀蓝 ● 钢蓝

● 金莺黄 ● 水绿 ● 鸢尾蓝

● 孔雀蓝 ● 钢蓝

● 李紫 ● 槐花黄绿 ● 宝石绿

● 蝶翅蓝 ● 云水蓝

● 宝石绿 ● 釉蓝 ● 钢蓝

● 鸥蓝 ● 钢蓝

7

7月山中喧
小暑、大暑

小暑，雷雨时行

"暑"为炎热之意，古人认为小暑还不算全年最热，所以加了个"小"字，不过近年的气象资料显示，全国大部分地区，小暑比大暑更热，且雷雨天多，雨后的山林则更加热闹，昆虫、鸟类、兽类也更加活跃，正是我们观察自然的绝佳时间。

大暑，雨热同期

大暑是夏季的最后一个节气，不过暑热可没这么快结束"小暑、大暑，上蒸下煮"，在"蒸笼"和"烤箱"天，林中悄悄布起了迷人的天罗地网，走，去检查蜘蛛的网，上新了没。

山谷间的涓涓清流

骤雨入潭,万物得滋养

蛛网上的太阳衍射

酢浆灰蝶在谈恋爱

一年中最热的时候,别跑,在山里,有一张五彩斑斓的网等着你。

静静地,就能看一部又一部爱恨情仇。

猴马球蛛在网上做雨后的巡查

西里银鳞蛛像枚小翡翠

7月山中喧

斑络新妇雌蛛体形比雄蛛（上方橘红色）大很多，一般它的"后宫"都养着好几只雄蛛吃软饭

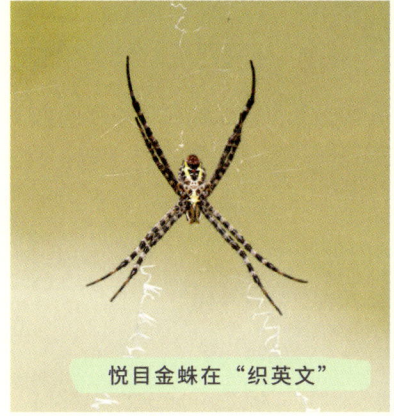

悦目金蛛在"织英文"

库氏棘腹蛛

斑络新妇雌蛛在织补蛛网

不要尖叫！它们，其实很有趣

我们看看最常见的络新妇蜘蛛、悦目金蛛、西里银鳞蛛这三种蛛：三种织的都是圆网。

有些蜘蛛会因为环境或捕食昆虫的特性将网调整角度为竖直或水平，但这三种蜘蛛只会结竖直或稍有倾斜的网。

金蛛会在网中心织上类似丝带的x形装饰。若蛛时期，这种"丝带"的形状更复杂无序。目前，学术界普遍认为这些"丝带"有"加固蛛网""反射紫外线吸引昆虫落网"和"使蛛网更醒目避免鸟类把网撞破"等作用。

斑络新妇蜘蛛在圆网之外，会在自己所处的一侧拉起一些杂乱无章的蛛丝，并且会把吃剩的食物残渣挂在上面，以此来抵挡和迷惑天敌。

西里银鳞蛛则会将自己的圆网中心掏空，形成中空中枢。不捕食的时候，蜘蛛就盘踞在这个中枢上。

所以，看蛛网的形状和"装饰"也可以大致判断蜘蛛的类型。

棕竹是天然的好雨伞

金银花

九里香

突眼优角蚱最爱潮湿的环境

皇勇蜗在溜达

金斑虎甲在潮湿的地面谈恋爱

青凤蝶在雨水冲出的水沟努力干饭

红嘴蓝鹊一点不嫌弃小泥沟

下雨之后，它们很欢乐！

夹竹桃天蛾

寄主：夹竹桃

进入 6 月，你能明显感觉到广州的雨季，已经进入巅峰状态：雨水，几乎是以每天报到的节奏，落入这个每日被太阳炙烤的南国。

先是龙舟水，基本上是每天瓢泼而至，上班雨、下班雨，如打卡般掐点。进入 7 月，台风密度加大，从太平洋暖水池里接踵形成的台风，沿广州疯狂擦边，差不多有两个月的时间，广州人都在"台风来不来"的无奖猜猜猜游戏中心情忐忑——广州人想台风来，因为台风带来的风与降水，会给暑热天气里的广州，带来几天的宜人凉爽，但是，台风若是擦边而过，引发的台风外围下沉气流和副高夹击的"空调外机"闷热现象，又会让广州的酷热继续火上浇油。

受台风影响的夏季风，成为主宰广州天气的常客。好消息是，雨后，植物们都开足马力地蓬勃生长，被雨水滋养的山林，如养得水润晶莹的翡翠，一层一层的新绿与深绿。

雨水也使土地里的微生物迸发活力，有机物被分解，土壤的养分得以补充，小可爱们的餐单变得更加丰富起来，雨后上山，沿阶慢慢走，去探访雨后变得更活跃的小可爱们吧！

另：进入暑假了，还记得那些夜里"敲"打窗户的幺蛾子吗？留意观察它们的寄主植物，说不定就能遇到童年见过的美丽蛾子啦！

华庆锦斑蛾

寄主：乌桕

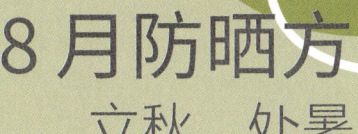

8月防晒方
立秋、处暑

立秋，暑未消

"立秋"已到，秋色却未到，此时尚未出"伏"，凉风未有信。

古有"梧桐报秋"之说，广州的立秋，却还可以继续享受夏之盛大花事，紫薇、睡莲、蓝花丹、翠芦莉……宁静的蓝紫色系带来视觉上的清凉。

处暑，起秋忙

"处，去也，暑气至此而止矣。"

处暑时节，暑热渐次消退，秋花依次开放，秋叶逐渐增多。山林里、花丛中，忙碌的蜜蜂常被人们赞颂，你可知道身披彩衣的蝶、蛾也是很努力呢！

在翠芦莉花丛访花的蓝凤蝶

斐豹蛱蝶在穗花牡荆上流连

蓝花丹

细长马鞭草

紫薇

蓝花鼠尾草

山中常见的胡枝子

地菍进入盛花期

黄荆的小花,也很容易被蜂蝶找到

野葛的花,在山地里也很明显

盛夏,蓝紫的宁静

广州城的夏日总是伴随着炎热的天气和猛烈的阳光,让人心烦意乱。有一些植物比人要耐热得多。

为什么夏天开白花和蓝紫色花的植物多?这应该与夏天强烈的日照是分不开的——白色花接收的光是最少的,白色花朵不易被灼伤,而蓝紫色花则是靠积累的花青素来抵御紫外线,花青素在碱性条件下呈蓝紫色。

另一个原因可能是白色、蓝紫色等花色对提高人们的注意力,缓解压力的效果比红黄色更好,能帮助人们放松、整理思绪,让这些花色在夏季存在感更高,感觉上它们数量变多。

白色花的特殊性使其非常适用于创造宁静、舒适的环境,在白色花丛中坐下来沉思,令人感觉摆脱了现代城市生活的喧嚣。而同样,任何一种蓝色植物放入景观中,都能轻而易举地营造出一种清净深远的气氛,给人安静平和的感觉。紫色鼓励内在觉醒,被誉为最华丽、最浪漫的花色,对压力缓解效果最强。

睡莲、荷花、紫薇等纷纷绽放或白或蓝紫的花朵,阳光下它们的颜色更为绚烂,为盛夏添加宁静而浪漫的气息。观赏它们美丽的花朵,有没有平复你紧张疲劳的精神?放松身心,尽情享受盛夏里的独特色彩吧!

蓝点紫斑蝶各个角度的颜值差别

相思带蛱蝶各个角度的颜值差别

让平时看起来乌漆麻黑的碧凤蝶给你表演一个『五彩斑斓的黑』

统帅青凤蝶各个角度的颜值差别

网脉蜻各个角度的颜值差别

因为有阳光，五彩斑斓的黑是存在的

我们常常在骄阳下，猛然发现，昆虫的色彩在阳光的折射下，会有神奇的颜值跃升——构筑昆虫身体的颜色，除了"娘胎里"自带的色素色，还存在着反射阳光的结构色。

和褪色的色素色不一样，结构色不会消失、褪色——只要有光，只要昆虫表面的反光结构还完好，给它一束光，原来迷人的颜色又会重现。

很多昆虫身上的斑斓颜色和身上鳞片的细密脊纹有关，结构越复杂，颜色越是五彩斑斓。

而色素色和结构色同时作用时——凤蝶的亮绿色是由蓝色的结构色和黄色的色素色合成的，紫斑蝶的翅呈黄褐色而带紫色闪光，其中黄褐色是色素色，紫色闪光是结构色。

结构色有什么现实意义呢？在阳光很强的地方，这些反光结构就可减少对热量的吸收，同时，反光很强的昆虫，可以使天敌无法准确判断它的大小和距离。

所以，这些小可爱这么美，才不是单纯只是好看。

为了生存，蝴蝶和飞蛾也是很努力的

蝴蝶和飞蛾同属昆虫纲鳞翅目，一生经历卵、幼虫、蛹/茧、成虫等几个阶段，是完全变态发育动物。

幼虫时期啃食、祸害植物，成虫却是植物授粉繁殖不可缺少的功臣，可算是将功补过。但无论哪个时期，蝴蝶和飞蛾都是大自然食物链中的一环，同样是天敌垂涎的美食，为求自保，它们也都演化出了各种逃生"绝招"。

斜斑彩灰蝶也有尾突

小眉眼蝶在旱季，翅膀的眼斑会与枯草更接近

隐身术

银线灰蝶的尾突，伪装成头部来迷惑天敌

"躲起来"，似乎是最简单的求生方法，但捕食者无处不在，如何修炼出"隐身术"？枯叶蝶模仿枯叶，尺蛾幼虫模仿小树枝，迁粉蝶具备多种深浅不同的翅膀颜色类型，将自己同环境融为一体，玉带凤蝶等蝴蝶的蛹也会在旱季变为枯黄色，不少灰蝶长有细长的尾突，静止时抖动的尾突与头部的触角极为相像，令天敌难辨首尾……总之，各种拟态练得惟妙惟肖。

青斑蝶、虎斑蝶的幼虫以有毒的马利筋等为生

蛇眼蛱蝶的眼斑,醒目不?

蓝点紫斑蝶,它幼年时的食物是大毒物——羊角拗

恐吓术

用颜色、图案或是气味对捕食者发出警告,是蝶和蛾常用的招数,青斑蝶、金斑蝶、虎斑蝶食用有毒的夹竹桃科植物,在身体内积累了让天敌望而生畏的毒素,这类蝶、蛾的幼虫就长着颜色对比强烈的花纹,成虫亦是如此,对于天敌,是刺眼的警告标志。

玉带凤蝶、木兰青凤蝶等的幼虫受到惊吓会吐出气味浓重的臭腺,吓退捕食者;眼蝶则用翅膀上"大眼睛"的斑纹发出警告;美凤蝶等蝴蝶幼虫甚至会拟态小蛇来逃命。

刚从斑络新妇蛛网上逃脱的蓝凤蝶,身上还挂着蛛丝

蓑蛾干脆把自己藏起来

防御术

蝶和蛾还有许多有趣的防御之法:蓑蛾幼虫会收集周边的小树枝、叶片、茅草绒毛,来修筑一个可移动的防御堡垒,这座刀枪不入的"城堡",会一直护佑小小的虫子顺利羽化;体形较大的蝴蝶如蓝凤蝶等飞行速度快、飞行能力强,即便不小心撞上蜘蛛网,也有机会挣脱;报喜斑粉蝶等采取的是集体防御策略,从卵到幼虫到蛹期都群居在一起,在数量上吓退捕食天敌,同时也利于成虫的交配和繁殖。

9月云舒卷
白露、秋分

白露,云笼山。
　　白露节气,昼夜温差较大,夜晚空气中的水汽凝结成小水珠挂在草叶、花瓣上,天明后小水珠在阳光下洁白剔透,所以得名白露。
　　此时,白云山草木茂盛,水源丰润,入秋后雨后初晴,水汽凝结后,再经日照而蒸腾,形成白云升腾、云雾环绕的诗意画面,这也是白云山名字的来源。

秋分,寒暑平。
　　秋分者,昼夜均分而寒暑齐平,对于北半球的我们来说,秋分之后黑夜越来越长,天气也越来越凉了。山上百虫未觉秋将深,依旧采蜜撷粉,忙碌终日。

台风"山竹"浓积云压境

层积云

风来，云舒卷

9月，广州暂别雨季，天气持续晴朗，空气通透，白云山的靓影时时出现在中心城区北方，为一众高楼铺展青绿背景。坐落在珠江南岸的中山大学的学生们初次接触地球科学，都会学到：当珠江边能看见白云山的时候，能见度就达到10公里了。蓝天白云，珠水云山，天边的云朵仿佛都从白云山而来。

《广东新语》云："每当秋霁，有白云蓊郁而起，半壁皆素，故名曰白云。"事实上，9月之后，来自北方的冷空气开始逐渐影响到岭南，作为城中最高山，白云山自然常是冷暖气团相遇、相持的地方，当冷暖气团的实力相当的时候，雨雾就此生成。

除此之外，由于白云山草木茂盛，地下水资源丰富，整体环境相对湿润，9月地表温度尚高，一阵突如其来的降雨也会产生大量水汽，萦绕山间，似雾似云。

◎ 9月云舒卷

高积云

日晕圆虹 　　高积云

所以，9月以后，正是来白云山赏云的季节。

9月还是广州夏季风转冬季风的过渡季节，但台风的影响依旧不小。通常9－11月份生成的台风被称为"秋台风"，秋台风绝大多数生成在距离陆地较远的西北太平洋洋面，有足够的发展空间和时间，加之此前洋面经过整个夏季阳光的加热作用，已经积累了很多热量，秋台风得以积聚更大能量，所以秋台风比较容易发展为强台风。

天气的变化会以风云雷雨的现象直接呈现，而雷雨之前往往有云霞作为前兆。这个季节在城中望山中白云是养眼美景，在山顶望云霞下的城市则更为震撼。秋季的日出一直是白云山的游览热点。倘若是在台风登陆前日，晚霞漫天，从橙红到蓝紫，笼罩千家万户，不论是多高的摩天大楼也都无一例外融在其中。这可是元人眼中的"白云晚望"？

露起时，云将涌动

绿凤蝶访鬼针草的花

咖啡透翅天蛾在百日菊花上努力干饭

鬼针草恭候黑带食蚜蝇进餐

斑翅灰针蟋在美洲蟛蜞菊上准备献唱

斜斑彩灰蝶在鬼针草上开饭

假臭草的花虽其貌不扬,胜在花期长、花量大

本地种是好,外来花也香

营山百年,白云山的生态日渐丰富,本地的植物大举回归家园,一些外来的"野花",也在白云山努力营业,为小生灵们提供繁衍生息的安乐窝。

样貌平平无奇的入侵物种——鬼针草,这种早就在我国各处山野泛滥的常见小野花,原本来自热带美洲,全年供应的朴素小白花,倒也有几分清新可爱,但花开之后结出的经常挂在人家衣服上的、带刺的种子,却遭到山友们的集体嫌弃。

但鬼针草的花,量大管饱,却是不少"小可爱"的蜜源植物,绿凤蝶、斜斑彩灰蝶、虎斑蝶、黑带食蚜蝇……统统都会围着鬼针

花期绵长的翠芦莉,是蓝凤蝶们的长期饭堂

柑橘凤蝶被马缨丹的花蜜吸引

生命力旺盛的翠芦莉,是悦鸣螽斯的音乐厅

斑凤蝶在柳叶马鞭草的花海里饱餐

美丽的松丽叩甲在翠芦莉"森林"里晒干身上的露水

冬天的冬红花是暗绿绣眼鸟的豪华大餐

草的小白花打牙祭。

和鬼针草同属菊科,原产自墨西哥的百日菊,以及原产自美洲热带地区的南美蟛蜞菊,还有来自南美洲的假臭草,也是"皮实"且花期长的植物,同样是虫虫们的快乐老家、全年不打烊的饭堂。

而原产自墨西哥,被大量作为绿化带植物的翠芦莉,花期同样绵长,拥有深紫色的放射性条纹的花朵,简直是虫虫们的致命诱惑——它是蓝凤蝶的饭堂,是蛇眼蛱蝶、美眼蛱蝶、长腹灰蝶的寄主植物,喂养了一代又一代的蝶宝宝,枝叶浓密的小"森林",也是螽斯和叩甲的香格里拉。

因花色艳丽而被园艺人青睐引进的、原产自热带美洲的马缨丹,勤劳地全年开放五色花;原产自南美洲的柳叶马鞭草,奋力填补夏与秋的花海空档;从喜马拉雅远道而来,在冬日里开得红红火火的冬红花……这些有意无意地闯入广州的外来花植,为小可爱们提供了全年不断供的丰盛大餐,成为云山生态中,积极奉献的新成员。

10月结秋实
寒露、霜降

寒露,秋花香。

　　因为气温持续下降,北方的露水几乎都要凝结成霜了,所以称寒露。但此时的华南,秋风仍未萧瑟,进入秋高气爽的金秋,广州人倾城爬白云山登高赏秋,风车转、桂花香,观日出、迎重阳。

霜降,果累累。

　　霜降是秋季的最后一个节气,广州人总是在冷空气突袭之后才恍然发现,全城已入秋成功,秋果满枝头、木芙蓉临水笑。海量的果实已日渐成熟,为山林增添了秋意,也为小动物们提供美食!

好用的果子

使君子花香可人，果实是瘦果，没有诱人的果肉，但它的种子是非常有效的驱蛔药

好吃的果子

落羽杉的球果由木质化的果鳞组成，果实成熟季常引得鸟类啄食

好玩的果子

薯蓣的种子，长着会转圈圈的小翅膀

关于结果这件事

亚热带的山林，很多植物开花后即结果，甚至一年多次开花结果，但依旧有很多植物直到秋天才长成果实，释放种子。10月，白云山上很多植物的果实成熟了，但它们并不像田野或果园那样挤挤挨挨缀满枝头，丰盈而耀眼。但山里的果实和种子品种繁多、形态各异、特色分明、趣味十足。

枫香的果子，就是中药常用作祛风通络的「路路通」

野漆的果实，可以做油漆和果蜡

锥的果实富含淀粉质，然而，外壳的尖刺让人生畏

赤腹松鼠知道，斜叶榕的果实富含蛋白质

木荷的果子，可以做成小陀螺

黄杞种子，就是会飞的三叉戟

作为森林防火卫士的木荷，蒴果长得像木雕的小苹果，摘去果柄，插入牙签或小树枝，一个陀螺就做好了！这个木雕小苹果里的种子，其实很轻：每公斤有 20 多万粒！种子成熟后能随风飘 60~100 米，你能捡到的木荷果，其实大多已完成了种子的传播重任，随便玩！

此时，枫香树的叶子还在等待冷空气的着色，而果实已经成熟，成熟的枫香果小刺球般散落树下，木质化枫香果实入药时叫"路路通"，有香气，也能做香料。

黄杞的种子也开始四下飘落，它的种子带着膜质的苞片果托，三裂，两短一长，圆圆的种子就在正中心，因着这巧妙的结构，黄杞的种子从枝头脱离时都能在空中打着旋，表演飞行特技。

山中常见的藤蔓上挂着一串串三瓣"小风车"，是野生薯蓣（yù）的果实，裂开会有带膜翅的种子飘落。

10 月，各种小锥果也成熟了，小鸟、松鼠迫不及待地享用美食。这些壳斗科的果实常常是包在带刺的壳内，所以经过密林的时候不妨戴顶帽子，避免被"暗器"砸中哦！

寄生藤

报喜斑粉蝶

桷花

> 报喜斑粉蝶在寄生藤、广寄生上产卵，幼虫几乎在同期孵化，大量幼虫啃食叶片，却缓解了被寄生的树木之困，所以，我们不能将万物按自己的价值观，简单地归为有益或有害，而要让这些小可爱，听大自然的调度。

红胸啄花鸟

橙腹叶鹎

桑寄生、广寄生、鞘花，能为红胸啄花鸟提供粮荒时期的花蜜，橙腹叶鹎也会以它们的果子为过冬口粮。而富含黏液的果子，又会通过橙腹叶鹎的粑粑，展开另一段崭新的旅程。

大自然有自己的善恶观

"寄生"一词出自《管子·八观》："有地君国而不务耕芸，寄生之君也。"生物学上，"寄生"（parasitism）关系也被描述为"一方受益，一方受害"。但实际上，在自然界，生物之间寄生与被寄生是一种普遍而正常的关系，也是生态环境中不可缺少的一环。

寄生植物有类似吸根、吸盘的结构帮助它们附着在被寄生的植物上，并依靠这类器官汲取养分，有部分寄生植物侵害能力较强，但并非所有寄生植物都会置寄主植物于死地。

桑寄生和槲寄生会利用根刺穿透寄主植物的树皮，汲取水分和盐分，供应自己的生长。但桑寄生和寄生藤也是报喜斑粉蝶等蝴蝶幼虫时的食物，这种关系中，桑寄生也被称为报喜斑粉蝶的寄主。报喜斑粉蝶的幼虫有群聚现象，从卵开始直到预蛹、羽化之前都是聚集在同一丛（甚至同一枝）桑寄生上，蝴蝶幼虫的这种采食规模会在一定程度上抑制桑寄生对寄主植物的侵害。

桑寄生"养大"的几种蝴蝶是冬日里访花授粉的主力军，当然也是鸟类等其他动物的冬日蛋白质来源。

与此同时，寄生藤、槲寄生、鞘花等的果实也是冬日里很多鸟类不可或缺的美食。红胸啄花鸟常在冬季出现在寄生藤的枝条间取食小果；橙腹叶鹎也爱吃槲寄生、鞘花的果子。这几种寄生植物的果实富含胶质，鸟类进食后，消化不了的种子被黏液包裹在小鸟的粑粑里，因为黏性大，鸟类往往在排便后蹭擦树枝清洁屁屁，这个动作恰恰帮助种子在新的寄主植物安上了家，完成"播种"大计。

寄生植物为昆虫提供食物，昆虫为鸟类提供食物……这条食物链环环相扣，每一类物种都在成为侵害者的同时被侵害，索取的同时又做着贡献。同时，常见于高大木棉上的桑寄生因为对空气质量极为敏感，也被当作空气污染的指示植物，用来监测木棉树的生长环境变化。

11月倦鸟返
立冬、小雪

立冬：候鸟归。

　　立，建始也；冬，终也，万物收藏。立冬意味着万物进入休养、收藏状态，此时的广州，冷空气虽常见，但晴朗天亦常有。候鸟识途，在气候依旧温暖、食物依旧充足的广州，休养生息，待来年振翅击破长空。

小雪：花压枝。

　　"雪"是寒冷天气的产物，"小雪"则指此时气候寒未深。广东、福建等地有"小雪点青稻""小雪满地红"的农谚，岭南的农田一派繁忙景象。在广州，美丽异木棉、红花羊蹄甲、簕杜鹃，几乎同期盛放。

白尾鹞(yào)

黑冠鹃隼

凤头蜂鹰

白云阔，猛禽飞

11月倦鸟返

燕隼

林雕

白肩雕

录下猛禽雄姿的观鸟志愿团队

在珠江三角洲冲积平原上，人口稠密的大小城市星罗棋布，白云山就是这密密麻麻的都市群中极为珍贵的一片绿洲，云山之巅，一群志愿者，风雨不改地在翘首守候过路的"精灵"。

2022年底，这群由广州市自然观察协会甄军老师召集的观鸟爱好团队，出圈了——从9月23日开始到11月10日为止，历时49天，共录得在白云山过境的猛禽22种、1796只次。

其中10月13－16日连续4天迎来"百猛日"——每天均录得过境猛禽超百只。另外，录得55只黑冠鹃隼分三批次从白云山巅飞过，规模空前；录得翼展长度近2米的林雕在白云山留连觅食，证明了白云山有足够的食物供给；近年来在国内仅有11次记录的国家一级保护动物白肩雕在白云山露面……可谓惊喜连连。志愿者拍的图片和视频，被各大媒体竞相转发，引发了不小的轰动。

除了看起来够帅够酷，数量可观的猛禽，从白云山过境意味着什么？

广州地处全球八大候鸟迁徙路线中的"东亚－澳大利亚迁徙线"上，每年都会有多种鸟类迁徙经过，通过观测，证明了为威猛的远方来客提供充足的食物补给和充分的安全保障的白云山是猛禽迁徙航线上的重要节点。

拥有超强的飞行能力和捕捉能力、有力的喙和脚爪，使猛禽站在自然生态食物链的顶端位置。猛禽作为生态环境的关键环境指示物种，它们的出现，代表了这个地区生物链的完整性。除了迁徙的猛禽，白云山常驻的蛇雕、凤头鹰、红隼等的数量也在逐年增多，这些都是白云山生态环境趋好的重要指标。

白云山一直持之以恒地"还绿于民"行动，其成效也再次得到了一份优秀的"证明"。

从20世纪50年代，白云山开始植树造林起，曾经单一的树种片植到近年多个树种配植的林分改造；从2011年"野生动物进城"计划，引杜鹃、珠颈斑鸠、山斑鸠等鸟类，赤麂（jǐ）、华南兔、黄鼬等兽类，泽蛙、沼水蛙、斑腿树蛙等两栖类和蜥蜴类为主的爬虫类动物等等大小可爱回归白云山……到2019年开始大面积拆除违建——完成复绿面积超10万平方米……生态环境的修复正在坚持不懈地推进，可以预见，未来会有更多野生动物在白云山繁衍生息，更多猛禽将在这片绿洲上空翱翔，惊喜的邂逅，正持续上演。

白云山上，会飞的常住居民

在白云山，你会常常跟它们打个照面，相信我，当这些小可爱近距离停在你身边，那种被信任的陶醉感，会让你醉上一整天。

去听听它们的歌喉，观察它们的习性，记录它们的成长故事吧！

叉尾太阳鸟
羽毛浓艳，非常抢眼。细长的喙向下微屈，长舌呈管状，常常悬停吸食花蜜，是冬季开花植物重要的授粉者

暗绿绣眼鸟
因眼周长着一圈白色裸皮而得名。体形娇小，性格活泼，常结群跳跃觅食

黑脸噪鹛
因形似画眉被戏称"土画眉"，常常成群鸣叫不休，常出现在灌木丛或绿地，啄食昆虫或果实

白鹡鸰
经常抖动尾部，胸前有黑色半圆形，像黑色的"围嘴"或小心心，很好认

黄腹山鹪莺
体形娇小、腹部嫩黄，喜欢站在芦苇或芒草顶端鸣叫，叫声极似小猫

白胸翡翠
鸣声响亮，体形也较普通翠鸟大很多，所以又常被叫作"大翠"，除了爱吃鱼虾之外，也爱捕食昆虫

11月倦鸟返

红嘴蓝鹊

喜展翅滑翔，红嘴配上蓝羽，美丽优雅。性格活泼、多见小群活动

黑领噪鹛

成群活跃于林间地面，翻刨落叶、寻找昆虫。性情机警，会一起鸣叫警戒、跳跃转移

白胸苦恶鸟

叫声如"苦恶苦恶"，爱在湿润的灌丛、滩涂走动觅食

珠颈斑鸠

像鸽子，颈部有珍珠领子样斑点，能适应各种生境，常在草坪踱步

乌鸫

常在草地啄食蚯蚓，会模仿别的鸟叫，被称为"情歌王子"，常被大家误认为乌鸦

白鹭

长着雪白羽毛的白鹭，爱在榕树上筑巢，它的"饭堂"在水里

池鹭

棕灰色的池鹭没有白鹭秀美，不干饭的时候，好像一直在发呆，常会利用羽色与环境融为一体，发现鱼踪时才闪电出击

普通翠鸟

颜色艳丽，是中国花鸟画中的常客。喜欢沿水边快速飞行，常被亲切地称为"小翠"，是捕猎鱼虾的高手

11月倦鸟返

黑冠鹃隼多年组队途经,熟客啦!

三宝鸟,每年迁徙都经过白云山,稳定!

蛇雕已在白云山安家,可贺!

蓝喉拟啄木鸟已有小群落,骄傲!

凤头鹰算是菜鸟了,落户啦!

厚嘴绿鸠在天南第一峰牌坊逗留了好多天!

云山鸟踪事件簿

最新数据:白云山风景区共记录鸟类206种,有一些其他城市景区罕见的鸟类,在白云山已经成为老法师都懒得举相机的"菜鸟"——比如,蓝喉拟啄木鸟。一点一滴记录着广州城央的绿色宝山——白云山的鸟踪,见证广州城的生态一天天丰富多元,也是很幸福的事啊!

12月最深秋
大雪、冬至

大雪，叶正红

　　大雪节气，除了华南和云南南部，我国的大部分地区都已经降雪，相比"小雪封地，大雪封河"的北方，广州却是满山的红橙黄绿，色彩浓郁。山林、水边大都成为最聚人气的赏叶地。

冬至，大如年

　　冬至曾经作为"岁首"，被确立为新年的第一个节气。所以有"冬至大如年"的说法。

　　冬至之后，寒冬将至，许多动植物进入"冬藏"状态。但地处"无冬区"的广州，不但花开不断，还是大量候鸟的越冬地。

枫香转红

枫香叶落入水中

12月 最深秋

秋色映水

鸟游秋色

在北国早已飘雪的隆冬,云山进入全国最晚的秋,秋阳暖适,秋色满山,你来,宜慢行。

枫香　池杉　乌桕　朴树

最晚的秋，最慢的秋
一点点橘黄红赤，调一盘花城之秋！

秋天渐渐到来，你是否观察到有哪些植物的叶子开始变黄变红？各种各样的植物比如枫香、乌桕、山乌桕、漆树、落羽杉等，它们的叶片变色，其实都是因为叶片中的色素变化了。

春夏时节，叶绿素合成量大于分解量，树叶呈现绿色；而当秋天来临时，气温下降，叶绿素此时已经不能大量合成，同时不断被叶绿素酶分解，或经光氧化而漂白，逐渐减少。叶绿素含量下降后，其他化学色素就显现出来，如果类胡萝卜素（叶黄素、胡萝卜素）所占比例高，叶片就显现出黄色或橙色。

深秋时节,因为温度低,叶子运输糖类和水分的能力减弱,葡萄糖不断累积后导致浓度变高,而可溶性糖增多又使得细胞液环境呈现酸性,在酸性条件下花青素会变红,花青素比例高的树叶就变成了红色。除此之外,这些贮存的糖分还会帮助转化花青素,使叶片的颜色更加艳红。

当然,树叶变色是一个综合而复杂的过程,若冷空气势力强,气温下降后造成低温;之后天气晴朗,温差较大,这样的气象条件将促使叶片内叶绿素向类胡萝卜素及花青素的快速转变,其表现在外的变化就是:叶片的颜色由绿色逐渐向黄色、橙色及红色转变。

总结一下:秋叶变色最主要的原因就是叶片中的叶绿素因气温和光照因素的改变而含量下降,使得叶片中的其他色素如:类胡萝卜素、叶黄素、胡萝卜素显现,叶片呈黄色或橙色。而叶片变红则是因为花青素碰上变酸的细胞液环境,由蓝紫色转变为了红色。归根结底,其根本原因就是气温的下降和光照的减少。

听，树冠有自己的故事
阅读自然的小惊喜：抬头望天

在自然界里，一些特定树种会出现一种非常有趣的自然现象：即使空间非常拥挤，大树的树冠仍然会羞涩地保持一定距离，彼此礼让地生长。从下方仰视，就像天空的拼图，形成奇妙的、有装饰感的图案，每一棵树看起来就像是彬彬有礼的绅士，这个现象被称为"树冠羞避"。

从20世纪初开始，人们发现了这个现象，至今有三种比较可信的说法：一是因为植物生长具有趋光性，而树冠是接受阳光照射的主要部位，当多棵树挨近生长时，相邻树冠之间会保持一定间隔，尽量减少对其他树冠采光造成影响；二是避免虫害通过相互接触的树冠蔓延；三是树冠枝条交错导致了"相邻的树木互相修剪"，新生长的枝条在风中彼此触碰时会磨损、擦伤并脱落，因此无法继续生长。

下次看见树冠羞避，你也想想到底有什么原因造成了这样奇妙的景象，说不定，你就是那个解谜的人呢！

中国红樱上的叉尾太阳鸟

红花荷上的橙腹叶鹎

这个冬天，蜜管够

四季花之城，独一份冬日之甜

> 12月最深秋

中国红樱 | 美丽异木棉 | 冬红 | 红花羊蹄甲

中国红樱、美丽异木棉、冬红、红花羊蹄甲……
大家好，我是干饭暗绿绣眼鸟

就是它！你一定见过它悬停在花枝上吮吸花蜜，是不是以为它就是蜂鸟？中国并没有蜂鸟，拥有悬停花枝本领的小鸟，在白云山，你最常见的就是叉尾太阳鸟和暗绿绣眼鸟。

这俩小只，都是娇小玲珑型，体长都只有10cm左右，如果不是因为俩小只天生好动，你很难在林间或花丛发现它们的行踪。

叉尾太阳鸟的鸣声细而尖，如金铃清脆响亮，雄鸟羽毛鲜艳，头顶和纤长的叉状尾羽呈青蓝色，太阳光下好像闪耀着光芒，胸前朱红，披着黄绿色的羽毛，而雌鸟大都呈朴素的墨绿色，体形更小。

主要以花蜜为主食、生性活泼的叉尾太阳鸟，它们常常扇动双翅悬垂于花朵上用弯弯的长喙里管状长舌来吸食花蜜。

同样能悬停吃花蜜的还有暗绿绣眼鸟，它取食花蜜时整个头部伸入花内，因时常沾染大量花粉，成为传播花粉的"工具鸟"。但它的食谱很广，除了花蜜，夏季主要采食昆虫，冬季则以植物果实为主粮。

同样活泼的橙腹叶鹎，也常不停地在枝叶间跳上跳下，或在林木间飞来飞去，并不断发出悦耳的叫声，它们善于模仿其他鸟类的叫声，是天生的口技高手。

橙腹叶鹎在野外以吃昆虫为主，但它也嗜甜，爱吸食花蜜。

冬天开花植物数量和种类锐减，反而是观察这些嗜甜小精灵的最佳时刻——红花羊蹄甲、美丽异木棉、冬红、朱缨花、红花荷，这些冬花，就是它们的救荒粮，而且开花时段正值叉尾太阳鸟、暗绿绣眼鸟等鸟类的求偶、繁殖时间，可以在1－2月听到雄鸟婉转动听的求偶鸣唱。

你听听，它们唱得是不是很甜？

索引
白云山常见物种图录

1月 January

山鸡椒 (*Litsea cubeba*)

梅 (*Prunus mume*)

李 (*Prunus salicina*)

郁金香 (*Tulipa gesneriana*)

炮仗藤 (*Pyrostegia venusta*)

海南红豆 (*Ormosia pinnata*)

2月 February

宫粉羊蹄甲 (*Bauhinia variegata*)

白花宫粉羊蹄甲 (*Bauhinia variegata* var. *candi da*)

红花羊蹄甲 (*Bauhinia* × *blakeana*)

广州樱 (*Prunus serrulata*)

山桃 (*Prunus davidiana*)

中国红樱花 (*Prunus* 'Zhongguohong')

茶梅 (*Camellia sasanqua*)

红皮糙果茶 (*Camellia crapnelliana*)

金花茶 (*Camellia petelotii*)

醉香含笑 (*Michelia macclurei*)

二乔玉兰 (*Yulania × soulangeana*)

深山含笑 (*Michelia maudiae*)

甜蜜妮芙朱顶红 (*Amaryllis × hybrida*)

比翼朱顶红 (*Hippeastrum rutilum*)

合恩角朱顶红 (*Hippeastrum nelsonii*)

基多朱顶红 (*Hippeastrum* 'Tango')

神奇朱顶红 (*Hippeastrum* 'Magical')

蝴蝶兰 (*Phalaenopsis aphrodite*)

木茼蒿 (*Argyranthemum frutescens*)

瓜叶菊 (*Pericallis × hybrida*)

姬小菊 (*Brachyscome angustifolia*)

虞美人 (*Papaver rhoeas*)

毛地黄 (*Digitalis purpurea*)

千日红 (*Gomphrena globosa*)

大花飞燕草 (*Delphinium × cultorum*)

翠雀 (*Delphinium grandiflorum*)

大花耧斗菜 (*Aquilegia glandulosa*)

细小石头花 (*Gypsophila muralis*)

醉蝶花 (*Tarenaya hassleriana*)

黄花风铃木 (*Handroanthus chrysanthus*)

水仙 (*Narcissus tazetta*)

芸薹 (*Brassica rapa*)

红花酢浆草 (*Oxalis corymbosa*)

3月 March

白花油麻藤 (*Mucuna birdwoodiana*)

锦绣杜鹃 (*Rhododendron × pulchrum*)

杜鹃 (*Rhododendron simsii*)

鸡爪槭 (*Acer palmatum*)

朴树 (*Celtis sinensis*)

大叶榕 (*Ficus virens*)

小蜡 (*Ligustrum sinense*)

木棉 (*Bombax ceiba*)

紫藤 (*Wisteria sinensis*)

三桠苦 (*Melicope pteleifolia*)

石斑木 (*Raphiolepis indica*)

秤星树 (*Ilex asprella*)

珍珠金合欢 (*Acacia podalyriifolia*)　　紫玉盘 (*Uvaria macrophylla*)　　红果仔 (*Eugenia uniflora*)

樟树 (*Cinnamomum camphora*)　　海桐 (*Pittosporum tobira*)　　中国无忧花 (*Saraca dives*)

杧果 (*Mangifera indica*)　　阴香 (*Cinnamomum burmanni*)　　绣球 (*Alopecurus aequalis*)

4 月 April

降香 (*Dalbergia odorifera*)　　鱼木 (*Crateva religiosa*)　　金莲木 (*Ochna integerrima*)

络石 (*Trachelospermum jasminoides*)　　毛果杜英 (*Elaeocarpus decipiens*)　　蝶花荚蒾 (*Viburnum hanceanum*)

黧蒴锥 (*Castanopsis fissa*)　　鸳鸯茉莉 (*Brunfelsia brasiliensis*)　　苦楝 (*Melia azedarach*)

桃金娘 (*Rhodomyrtus tomentosa*)

杂交鹅掌楸 (*Liriodendron chinense × tulipifera*)

荔枝 (*Litchi chinensis*)

5 月 May

仪花 (*Lysidice rhodostegia*)

厚壳树 (*Ehretia acuminata*)

黄牛木 (*Cratoxylum cochinchinense*)

金粟兰 (*Chloranthus spicatus*)

土沉香 (*Aquilaria sinensis*)

栀子 (*Gardenia jasminoides*)

灰莉 (*Fagraea ceilanica*)

麻楝 (*Chukrasia tabularis*)

岗松 (*Baeckea frutescens*)

木油桐 (*Vernicia montana*)

木荷 (*Schima superba*)

火焰木 (*Spathodea campanulata*)

粘叶豆 (*Schizolobium parahyba*)

秋英 (*Cosmos bipinnatus*)

瓜栗 (*Pachira aquatica*)

蓝花楹 (*Jacaranda mimosifolia*)

南美水仙 (*Eucharis amazonica*)

海南山姜 (*Alpinia hainanensis*)

南天竹 (*Nandina domestica*)

野牡丹 (*Melastoma malabathricum*)

菖蒲 (*Acorus calamus*)

6月 June

马尾松 (*Pinus massoniana*)

凤凰木 (*Delonix regia*)

早花百子莲 (*Agapanthus praecox*)

假鹰爪 (*Desmos chinensis*)

紫萼 (*Hosta ventricosa*)

大青 (*Clerodendrum cyrtophyllum*)

7月 July

金银花 (*Lonicera japonica*)

九里香 (*Murraya exotica*)

千屈菜 (*Lythrum salicaria*)

荷花 (*Nelumbo nucifera*)

睡莲 (*Nymphaea tetragona*)

夹竹桃 (*Nerium oleander*)

8月 August

翠芦莉 (*Ruellia simplex*)

穗花牡荆 (*Vitex agnus-castus*)

蓝花丹 (*Plumbago auriculata*)

细长马鞭草 (*Verbena rigida*)

紫薇 (*Lagerstroemia parviflora*)

蓝花鼠尾草 (*Salvia farinacea*)

美丽胡枝子 (*Lespedeza thunbergii* subsp. *formosa*)

地菍 (*Melastoma dodecandrum*)

黄荆 (*Vitex negundo*)

人面子 (*Dracontomelon duperreanum*)

五月茶 (*Antidesma bunius*)

黄蝉 (*Allamanda schottii*)

9月 September

木芙蓉 (*Hibiscus mutabilis*)

丹桂 (*Osmanthus fragrans* var. *aurantiacus*)

圆锥大青 (*Clerodendrum paniculatum*)

10月 October

木本曼陀罗 (*Brugmansia arborea*)

蓝蝴蝶 (*Rotheca myricoides*)

大叶相思 (*Acacia auriculiformis*)

11月 November

簕杜鹃 (*Bougainvillea glabra*)

粉扑花 (*Calliandra tergemina*)

美丽异木棉 (*Ceiba speciosa*)

12月 December

池杉 (*Taxodium distichum* var. *imbricatum*)

楝叶吴萸 (*Tetradium glabrifolium*)

乌桕 (*Triadica sebifera*)

山乌桕 (*Triadica cochinchinensis*)

红花荷 (*Rhodoleia championii*)

枫香树 (*Liquidambar formosana*)

冬红 (*Holmskioldia sanguinea*)

铁冬青 (*Ilex rotunda*)

千里光 (*Senecio scandens*)

蓝凤蝶 (*Menelaides protenor*)

美凤蝶 (*Papilio memnon*)

蓝凤蝶 (*Papilio protenor*)

碧凤蝶 (*Princeps bianor*)

巴黎翠凤蝶 (*Princeps paris*)

青凤蝶 (*Graphium sarpedon*)

统帅青凤蝶 (*Graphium agamemnon*)

柑橘凤蝶 (*Sinoprinceps xuthus*)

斑凤蝶 (*Chilasa clytia*)

波纹黛眼蝶 (*Lethe rohria*)

矍（jué）眼蝶 (*Ypthima balda*)

小眉眼蝶 (*Mycalesis mineus*)

蛇眼蛱蝶 (*Junonia lemonias*)

斐豹蛱蝶 (*Argyreus hyperbius*)

相思带蛱蝶 (*Athyma nefte*)

蓝点紫斑蝶 (*Euploea midamus*)

绢斑蝶 (*Tirumala aglea*)

幻紫斑蛱蝶 (*Hypolimnas bolina*)

虎斑蝶 (*Danaus genutia*)

波蚬蛾 (*Dysphania militaris*)

绿裙边翠蛱蝶 (*Euthalia niepelti*)

报喜斑粉蝶 (*Delias pasithoe*)

宽边黄粉蝶 (*Terias hecabe*)

黑脉园粉蝶 (*Cepora nerissa*)

酢浆灰蝶 (*Pseudozizeeria maha*)

银线灰蝶 (*Spindasis lohita*)

斜斑彩灰蝶 (*Heliophorus epicles*)

夹竹桃黄毒蛾 (*Euproctis oreosausa*)

豹尺蛾 (*Dysphania militaris*)

虎纹长翅尺蛾 (*Obeidia tigrata*)

蓬莱茶斑蛾 (*Eterusia aedea*)

华庆锦斑蛾 (*Erasmia pulchella*)

蓑蛾 (*Psychidae*)

黄体鹿蛾 (*Amata grotei*)

长喙天蛾 (*Macroglossum corythus*)

橄璃尺蛾 (*Krananda oliveomarginata*)

褐斑异痣蟌 (*Ischnura senegalensis*)

三斑阳鼻蟌 (*Heliocypha perforata*)

方带幽蟌 (*Euphaea decorata*)

毛狭扇蟌 (*Copera ciliata*)

白狭扇蟌 (*Copera annulata*)

丹顶斑蟌 (*Pseudagrion rubriceps*)

烟翅绿色蟌 (*Mnais mneme*)

黄狭扇蟌 (*Platycnemis marginipes*)

翠胸黄蟌 (*Ceriagrion auranticum*)

黄纹长腹扇蟌 (*Coeliccia cyanomelas*)

纹蓝小蜻 (*Diplacodes trivialis*)

乌微桥原蟌 (*Prodasineura autumnalis*)

六斑曲缘蜻 (*Palpopleura sexmaculata*)

网脉蜻 (*Neurothemis fulvia*)

斑丽翅蜻 (*Rhyothemis variegata*)

华丽灰蜻 (*Orthetrum chrysis*)

赤褐灰蜻 (*Orthetrum pruinosum*)

狭腹灰蜻 (*Orthetrum sabino*)

长瓣草螽 (*Anisoptera gladiatus*)

悦鸣草螽 (*Anisoptera melaenus*)

斑翅灰针蟋 (*Polionemobius taprobanensis*)

斑蝉 (*Gaeana maculata*)

草蝉 (*Mogannia conica*)

薄翅蝉 (*Chremistica ochracea*)

斑络新妇 (*Nephila pilipes*)

悦目金蛛 (*Argiope amoena*)

西里银鳞蛛 (*Leucauge celebesiana*)

金边窗萤 (*Pyrocoelia analis*)

弦月窗萤 (*Pyrocoelia lunata*)

拟纹萤 (*Luciola curtithorax*)

比蟪 (*Pycanum ochraceum*)

锯角蝶角蛉 (*Acheron trux*)

多恩乌螽 (*Erianthus dohrni*)

广斧螳 (*Hierodula palellifera*)

龙眼鸡 (*Pyrops candelaria*)

竹木蜂 (*Xylocopa nasalis*)

大拟啄木鸟 (*Megalaima virens*)

黑眉拟啄木鸟 (*Megalaima oorti*)

蓝喉拟啄木鸟 (*Megalaima asiatica*)

灰头绿啄木鸟 (*Picus canus*)

红胸啄花鸟 (*Dicaeum ignipectus*)

赤红山椒鸟 (*Pericrocotus flammeus*)

暗绿绣眼鸟 (*Zosterops japonicus*)

叉尾太阳鸟 (*Aethopyga christinae*)

橙腹叶鹎 (*Chloropsis hardwickii*)

亚历山大鹦鹉 (*Psittacula eupatria*)

北红尾鸲 (*Phoenicurus auroreus*)

红头长尾山雀 (*Aegithalos concinnus*)

黄眉姬鹟 (*Ficedula narcissina*)

普通翠鸟 (*Alcedo atthis*)

白胸翡翠 (*Halcyon smyrnensis*)

黄腹山鹪莺 (*Prinia flaviventris*)

山斑鸠 (*Streptopelia orientalis*)

珠颈斑鸠 (*Streptopelia chinensis*)

仙八色鸫 (*Pitta nympha*)

水雉 (*Hydrophasianus chirurgus*)

黑脸琵鹭 (*Platalea minor*)

灰鹡鸰 (*Motacilla cinerea*)

紫啸鸫 (*Myiophoneus caeruleus*)

红嘴蓝鹊 (*Urocissa erythrorhyncha*)

黑冠鹃隼 (*Aviceda leuphotes*)

凤头蜂鹰 (*Pernis ptilorhynchus*)

蛇雕 (*Spilornis cheela*)

凤头鹰 (*Accipiter trivirgatus*)

斑头鸺鹠 (*Glaucidium cuculoides*)

三宝鸟 (*Eurystomus orientalis*)

南滑蜥 (*Sphenomorphus indicus*)

股鳞蜓蜥 (*Sphenomorphus indicus*)

沼水蛙 (*Rana limnocharis*)

赤腹松鼠 (*Callosciurus erythraeus*)

倭花鼠 (*Tamiops maritimus*)

南海溪蟹 (*Nanhaipotamon sp.*)

本书收录了众多机构和摄影师提供的精彩图片,在此表达感谢。
We would like to express our gratitude to the organizations and photographers who have provided wonderful images for this book.

文字作者: 史丹妮　焦慧　莫尔多姿　翁琳　陈文荣　朱茵　姚烙雯　李茵楠　黄敏加　静萱

摄影作者: 耳东尘　史丹妮　李朝东　谭兆武　吴宝玲　一帆　雷萍　农夫　蚂蚁　刘军玄　宋小力　甄军　谭建辉　大古　高梓超

插画作者: 柯冠华　邓海斐　麦紫然　李梓豪　廖倩怡　温日荧

排版设计: 柯冠华　温日荧　黄霈雅